U0601335

紹興大典 史部

乾隆諸暨縣志 3

中華書局

諸暨縣志卷二十一

人物

劉劭人物有志其理甚微而元而囊括流畧概以人物題目之知人者以目正耳不知人者以耳敗目尚慎旃哉將以述往事思來者斯亦譽不三周未必信是也夫志猶史也史才難到吾暨自近古以來如所稱一國之雋一州之第以及出尤之良往往而有謹以徵文於古徵獻於今事必核實例寧從嚴庶善善之中警訓存焉一以示勸一以示

徵志人物

名臣人物一

嗟嗟臣工策名委質允懷不忘賚予良弼我思古人名臣輩出風紀憲綱柱天指日列名臣傳第一

宋

姚憲〈嘉泰會稽志〉字令則父舜明仕至徽猷閣待制憲以父任補承務郎歷知臨安府仁和縣車駕駐蹕臨安仁和為赤縣事尤煩劇憲資性敏强日未晡吏已散去獄久無繫囚秩滿監進奏院知秀

州土豪錢國安居大澤中舍匿亡命爲奸盜州縣莫敢詰憲至擒國安及其支黨竄治置於法州里遂安浙西大水蘇常爲甚憲請輸粟萬斛以賑之上嘉其餘以直秘閣知平江府時羣盜出没海道爲居民害捕弗獲朝命專以屬憲不數月悉擒之進直敷文閣知臨安府歷工部侍郎進御史中丞遷參知政事以端明殿學士知江陵府卒江陵前帥頗厲威嚴治盜不少貸憲繼其後嘗謂客曰故帥得賊輒殺不復窮竟僕至獲盜必付之有司在

法當誅者初未輙貸一人而羣盜已稍出矣僕平居雖雛卵不敢妄殺今寧以瘢輭不勝任去安忍濫及無辜哉人以此益推其長者

謹按姚憲籍係嵊人辨詳憲父舜明傳載武功

元

王艮（元史本傳）王艮字止善尚氣節務明理以致用不苟事言說累辟江浙省掾史會復立諸市舶司艮從省官至泉州建言買舊有之船付舶商則費省而工易集且可杜官史掊克獘中書省如其

言凡為船六艘省官錢五十餘萬緡歷建德縣尹除兩浙運鹽司經歷紹興路總管王克敬以郡中計口授鹽民困於誅求乞減鹽五千引運使弗從及克敬為轉運使首議減紹興引額衆謂成籍不可改艮毅然曰民實寡而強賦多民之錢今死徙已衆矣顧重改民籍而輕棄民命乎且浙右諸郡商賈輻輳未嘗以口計也始定議歲減食鹽五千六百引遷漕運萬户府經歷紹興官糧入海運者十萬石城距海十八里歲拘民船備短送及至海

次主運者不即受多致耗缺艮曰運户既有官賦之直何復為是紛擾乃責其自載糧入運船船為風所敗者例覈實除其數艮取吏牘披閲即除積糧五萬三千石鈔二百五十萬緡遷檢校江浙有諂中書訟松江富民匿湖田沙蕩為糧一百七十餘萬石鈔五百餘萬緡宜設官追取遣艮驗視至松江反覆以破其誑謂言者不過欲竦朝廷之聽而報宿怨且冀創立衙門為徼名爵計萬一民心動搖患生不測豈國家培養根本之策事遂寢除

江西行省左右司員外郎安福有小吏誣民包隱田租九千餘石前後株連至千家數遣官按問無實有司尚喜事復勒民報合徵糧六百餘石艮言是州之糧比原額已增豈復有欺隱詭寄者行省用艮言悉蠲之在任歲餘以淮東道副使致仕

明

呂升〔萬歷紹興府志〕洪武中鄉貢典教溧陽以薦擢江西僉事號有風裁永樂戊子改山西境多虎患升爲檄告神虎即就捕以憂去後補福建僉事

按部至建寧螟害稼升仰天祝之雷雨驟作螟盡
死宣德初遷大理少卿與修永樂大典兩為會試
同考所舉皆一時名士年七十致仕至九十二卒
謹按呂升本籍山陰隆慶駱志云父文著来徙又
載有世科坊在西塢為呂升呂公愿呂詵立其時
相去不遠知之故悉非假
異縣之人而引以為榮也
王鈺萬歷紹興府志字孟堅號葵軒幼聰慧日記
數千言及長益博綜經史永樂壬辰進士以殿試
第三人及第歷官編修修撰奉旨清兵部武勳案
牘累數萬紙鈺閲覽參駁數日盡畢宣德中同修

兩朝實錄書成以疾歸正統初起為江西提學僉事少師楊士奇薦之也鈺正身率物品藻嚴明大小各有造就長河洞岷聞其賢亦遣子入學考績至京顯者倨傲弗為禮即日引退安居田里以文翰自娛環堵蕭然無異寒士

翁溥〈隆慶駱志〉字德宏嘉靖己丑進士初知太湖縣徵入為吏科給事中大同軍殺主將廷議持疑抗言乞正法以定國是事寧功罪失當抗言請風力官覈實一大臣諛佞播弄擅愛憎抗言發其姦

狀落職爲龍泉丞尋起歷廬陵知縣蘇州府同知廣東僉事叅議四川副使叅政河南按察使湖廣左右布政使悉盡心舉職恩威並濟在四川時以平白蕃及都蠻功兩賜金綺後陞都察院右副都御史巡按湖廣改江西值歲旱大饑議賑貸明年又旱議蠲租驛傳供應屬富户殊苦溥改議并諸政務調停節省民獲更生弋陽王攝寧府事日搆洶洶疏請分管以平事權羣爭遂定陞兵部右侍郎尋轉左侍郎考滿以捷音陞俸者三賞金幣者

二陞南京刑部尚書卒於官敕賜祭葬謚榮靖溥識敏而氣凝臨事井井尤嗜學工詩文所著有知白堂稿

駱問禮（明史本傳）嘉靖末進士歷南京刑科給事中隆慶三年陳皇后移别宫問禮偕同官張應治等上言皇后正位中闈即有疾豈宜移宫望亟返坤寧毋使後世謂變禮自陛下始不報給事張齊劾徐階爲廷臣所排下獄削籍問禮獨言齊贓可疑不當以糾彈大臣實其罪張居正請大閲問禮

謂非要務而請帝日親萬幾詳覽奏章未幾劾誠
意伯劉世延福建巡撫涂澤民不職帝並留之帝
初納言官請將令諸政務悉面奏於便殿問禮遂
條上面奏事宜一言陛下躬攬萬幾宜酌用羣言
不執己見使可否予奪皆合天道則有獨斷之美
無自用之失二言陛下宜日居便殿使侍從官常
在左右非嚮晦不入宫闈則涵養薰陶自多裨益
三言内閣政事根本宜參用諸司無拘翰林則講
明義理通達政事皆得其人四言詔旨必由六科

諸司始得奉行脱有未當許封還執奏如六科不封駁諸司失檢察者許御史糾彈五言頃詔書兩下皆許諸人直言然所採納者除言官與一二大臣外盡付所司而已宜益廣言路凡臣民章奏不惟其人惟其言令匹夫皆得自効六言陛下臨朝決事凡給事左右如傳旨接奏章之類宜用文武侍從毋使中官參與則窺竊之漸無自而生七言士習傾危稍或異同輒加排陷自今凡議國事惟論是非不狗好惡衆人言未必得一人言未必非

則公論日明士氣可振八言政令之出宜在必行

今所司題覆已報可者未見修舉因循玩愒習為

故常陛下當明作於上敕諸臣奮勵於下以挽頹

惰之風九言面奏之儀宜畧去繁文務求實用俾

諸臣入而敷奏退而治事無或兩妨斯上下之交

可久十言修撰編檢諸臣宜令更番入直密邇乘

輿一切言動執簡侍書其耳目所不及者諸司或

以月報或以季報令得隨時纂緝以垂勸戒疏奏

帝不悦官侍復從中搆之謫楚雄知事明年吏部

舉雜職官當遷者問禮及御史楊松在舉中帝曰此兩人安得遽遷俟三年後議之萬歷初屢遷湖廣副使卒〈明史藝文志〉駱問禮萬一樓集六十一卷外集一卷〈紹興府志〉問禮字纘亭謫楚雄知事閣臣趙貞吉高拱交贊之擬請復諫垣張居正忌之遂轉楊州府推官遷南工部歷雲南叅議福建湖廣副使復爲言者所中乞致仕居二十年卒隆慶間纂修邑志姚江孫鑛謂其詳博精核有據

陳性學〈紹興府志〉字還冲生有異資七歲能文〈章志〉性學七歲自聯書室刺股每懷分夜志杜門常抱惜陰心登萬歷丁巳進士由行人試貴州道御史提督直隸學政衡文有特鑑

两劾權相悍帥舉朝側目卒中政府忌遷廣東僉
事陞山西叅政稅璫恣肆以危言折服丁艱服闋
備兵榆東遂乞歸巡撫崔應麒薦以邊才竟引疾
不出性學服官二十餘載敭歷中外所在有最績
著有西臺疏草紫瑛山蔵稿光裕堂集皆激昂多
文采

駱方璽（公舉事實）字爾玉號武懿給諫問禮孫也
天啟辛酉以詩經舉於鄉壬戌中文震孟榜進士
初任句容縣知縣内艱起補南海調臨晉内陞工

部營繕司主事時朝廷有買銅買硝等役姦人冒領國帑其弊種種暨邑尤甚會京師大旱上詔求直言方璽疏曰臣謹備述欽賍以補聖聞之所不逮以救民寃之所莫伸伏乞皇上立斬葛藤以出疾苦以逭天和以来甘雨事方令肥蠹肆虐民不聊生我皇上減樂徹膳側身修行下罪已之詔開聞過之門蒙頒諭云嘉言讜論闗切治理朝廷實所樂聞目下有何缺失着羣臣直言勿隱以憑採擇舉行欽此大哉王言有不至上格彼蒼搥注桑

林之澍者豈理也顧臣竊計之吏治之壞世風之澆仰干之弊皇上之洞鑒已深縷指已悉即嘉言讜論近如科臣章正宸詞臣黄道周諸疏皆言人之所不言自上年原任工部侍郎劉宗周數次抗疏皆侃侃正論溥天同慶並仰之如泰山北斗望之猶景星卿雲乃宗周束身歸山之後便寥寥絶响今二臣繼起而披忠瀝胆感慨時事真朝陽鳴鳳也臣等更何言且臣何人斯亦謬欲以么麽瀆聖聽耶第設鐸懸鞀聖明業不擇人而有聞不告

臣心即爲欺主臣何敢默默處此而不以人言所
未及臣知之甚者爲皇上陳之自皇上有買銅買
硝等役給銀商人紛投採辦甚急務亦重務也乃
神奸赤棍乘機冒領帑貲而不肖司官婪其抽扣
分例遂朦朧溷給以致銀入私囊即任其花費比
公務難竣輒肆其株連始猶及同姓也繼則及異
姓矣始猶侵贓之人所扳也繼則被扳之人又復
轉扳矣司差縣役雜沓如雨錢虜菜傭共遭其毒
以故有欠贓原止以萬計而統計民間波累有費

踰二三倍而仍未得寧宇者以還官之數有限而差役棍徒之貪詐無窮也臣目擊臣鄉有差役至家值舉筯而一噎輒斃者有差役十餘乘轎馬登門積至數十人而一飯破家者有寡婦苦守十餘年差役到門計無所出不得已而失節嫁人將所得財禮僅完差錢而賍銀仍未能完者至若鬻妻賣子號泣之哀顛沛之狀筆難罄述人難枚舉此皆民困之至隱至極而能上干天和者也夫皇上

明旨原止着同爨押追不許蔓延無辜乃部不奉

旨聽本犯一報即行文追索日報日添誅求無已縣亦不必奉部聽二三巨猾指使溷扯平民箠楚桁楊無所不至於是有畏奸棍甚於畏官司而所納之貲或半入公家半入私橐者有全付逝波而官司并不與聞者此等詭弊藉皇上之帑銀為斂人之利藪利歸宵小怨歸朝廷死不擇音鋌而走險大可患也伏乞皇上立斬葛藤照依原奉明旨只着同爨取償而一應無干續扳逮勑該部行文司縣盡行赦免以蘇民厄以謝天譴庶甘霖早降

而聖德無疆矣臣且再有請爲皇上加意得人宏收清望邇来如程國祥黃道周章正宸等或隆不次之擢或優使過之典至若劉宗周陳子壯皆一時厚望千古真品未蒙顯拔致野有遺良皇上倘翻然解澤沛湛露之恩於二臣有不至順人應天而肅時雨若者臣不信也仰惟聖明採擇施行不勝激切待命之至奉上批奏内押追商欠不遵明旨輒聽本犯妄報續扳株連無辜併蠹棍乗機嚇詐深爲民害着嚴行禁飭違着指參重治劉宗周

等已經處分駱方璽何復借端妄陳殊屬偏謬姑
且不究方璽復以臣鄉湯火已甚欽賦不堪再被
株連正犯之骨髓已枯無辜之膏脂已竭伏乞聖
明行追奸屬衙蠹乘機婪詐多贓以補未足贓額
事奏聞疏曰臣鄉自棍徒冒領帑貲買辦銅鉛侵
欺入已比追索還官輙妄扳無辜同姓異姓並遭
其害識面隅面俱坐以贓守錢虜一被報名門户
立破賣菜傭併加恐嚇神魂皆消巨魁之肆惡已
甚矣而乘機插入從中漁利之家屬周親濟惡尤

不可言奉公之比責已究矣而因事吸髓不翅虎噬之猂役奸胥逞兇更難枚舉是故所欠官銀原止萬計而民間之累實倍過之所報有名或止二三而私行之嚇詐每至無算如臣鄉通省共計欽贓五十餘件然未有如臣縣某甲某乙之爲禍最烈也甲乙原皆赤棍二人家業俱蕩廢流落江湖已有日矣突於崇禎辛未年夤領户部銀三萬兩買辦銅鉛以供鼓鑄而某甲遂將前銀大肆花費致缺一萬餘金某乙亦缺五千餘兩前銀無償因

妄報無干家屬親戚等數十家私自嚇詐數百家
而犯屬某某串地棍某某等承行書手某差役某
某等如豺狼梟獍嚼骨剝膚以致煢煢小民鬻妻
賣子沽産喪家甚且殞身棄命見者慘目聞者傷
心臣非係宗盟即關姻婭不忍坐視於本年閏四
月初九日具暵乾已極一疏備述欽贓扳累之苦
隨奉旨禁飭隨蒙户部錢法吳侍郎詳聞臣縣之
慘亦於奏報疏内略述情形奉有嚴綸咨行三院
此正臣縣撥霧見天子遺重生之日也今查其乙

欠贓將及額而其甲除完過外恐不能全完公帑之物勢必取盈而後已第本犯產業既無可求親戚被害亦盡蕭索倘再株連不息而不設法措補地方必至釀亂有不可言者矣且如前所稱犯屬差役婪詐獲利不下數千金合屬小民俱割肉代償流離無告而若輩反得擁其肥厚享妻妾房產之樂是豈人情之所平國法之所可貸者哉除將犯屬某某與正犯某甲原係同爨復串地棍某某遍詐銀六百餘兩合行竟追不必開款瑣瀆宸嚴

親屬其款蹟一年千餘金亦曾投送户部錢法堂行查俱不敢再贅外臣謹臚列各衙蠹所得贜款伏乞勅下該部轉行撫按嚴究追補若有餘可充餉銀若不足臣鄉願將某甲未完贜銀派入合縣錢粮通縣輿之代完免至貧富縣遭狼狽之苦此亦合縣所踴躍樂從者也伏乞嚴諭刑部承追衙門無許某甲故違明禁續報姓名亦無許承追司官不遵明旨聽信本犯所報溷行文在外仍開犯屬差役㚇詐之門則聖德如天萬年長治不替矣

某甲某乙朋詐計贓六千七百三十一兩被害共六十七家款蹟繁多不載奉上批奸商侵帑扳良殊可痛惡已屢旨嚴飭這所奏某甲某乙等犯屬衙蠹通同串詐大干法紀着各撫按將本内有名各犯嚴提盡法究擬以抵侵贓不許徇縱此崇禎十年事事下邑人咸作詩以頌歡聲如雷甲乙不著其名以皆邑人故諱之存厚也方璽避人焚草疏多不傳二疏則至今載在口碑故特表而出之列爲傳後方璽陞營繕司郎中轉太僕寺致仕

國朝

余縉（黄宗羲御史余公墓誌）字仲紳號浣公幼即能文時傳奄人魏忠賢竊政縉擬為彈章霜威風厲見者已識有埋輪之志順治壬辰登進士第知封邱縣縣當兵火之後公私掃地赤立方塞决河賦役連滯縉盡捐煩文碎教與之休息是時民間㝡苦包荒一事先是流賊蔓延人户逃亡棄地彌望

朝議募民開墾各設興屯道興屯廳以董之民初無

不樂從及其徵租反過於現在之熟田違民始頻耕者復荒郡縣既以此爲考成競張虛數無所歸著於是以荒地之糧攤於熟地民皆失業縉惕然憂之會制臺繩武李公行部至封縉導李公至曠野目覩其裸跣毛食李公爲之疏聞始豁虛張之數而興屯之廳道皆裁封與延津接壤郵置錯互於百里之外裹飯受役民甚苦之縉陳情撫軍但使之協濟而已中州治行推縉爲第一入爲山西道御史條對多見施行以終養告歸丁

内外艱服闋補河南道御史所上章奏不尚苛細
而關於
國家大事請撤三藩家口議復撫臣兵權諸疏格於
部議而止後乃知為金石之策也越帥横暴稅民
受貨奴客跳梁觸情放慝越民蘊憤無所發洩縉
嚴文件數其罪惡越帥中廢臬藻之音載謠人口
朱方旦妄言禍福朝士多信其言者縉曰此妖人
耳於法當糾寧可助彼狂瀾乎方旦終以猖狂坐
死已而復請告歸悠悠林下至於沒世甲寅之亂

山寇圍攻越城，縉出其私財以佐城守，寇睥睨而去。用世之志退而不忘，卒年七十有三。浙江通志

縉令封六載，熟悉兩河形勢，遂議引支河以分水勢，築遥堤以衛民居，均堡夫以防潰溢，清灘地以業窮民，禁採青以杜騷擾。擢御史，歷河南、山西二道巡視長蘆鹽課，嚴禁私販，酌通融代銷之法，寬老幼負擔之禁，商民德之。

予告歸，杜門不出，建宗祠，捐置祀田、學田，敦倫睦族，任恤好施，為邦人矜式。

馮勸【浙江通志】字硎發，順治甲午舉人，选桐鄉縣教諭，陞博白縣知縣。會兵燹之餘，土寇未靖，有賴天錫、唐朝奉者侵擾城邑，勸守禦擒捕，民賴以安。内艱服闋，補襄陵縣，催科撫字咸得其宜。時秦中饑，流民載道，勸設廠作粥以濟，全活者甚衆。擢山西道御史。【彭孫遹馮屏山侍御傳】襄陵鄰邑洪洞等以水利爭訟者六州縣，趙宋時金人置分水碑為界，既而黠者泯碑以擅其利，訟獄繁興，數百年無有決之者。撫軍檄勸司其獄，按視月餘，得金人

廢碑於野寺悉其源委乃為裁度損益因時制宜
搆爭始息太原鎮駐潞安所需軍食輸自本郡及
旁郡之近潞者後移駐平陽與潞相距數百里軍
食仍運自潞潞處山脊必資夫役驢騾一夫之載
一驢之負不能以石道紆費大悉派諸民豪滑乘
機舞弊大為民害謂之挖運勸入臺首疏其事蒙
允改就平陽歲省不貲澤潞等十七州縣民慶更生旋
又巡視北城監試山右其綜覈寬嚴皆宜年七十
致仕

論曰炳哉麟哉名聲施於無窮功烈著而不滅名臣豈易易哉唐稱姚宋宋稱韓范庶其當之而不愧然事關國史不僅邑乘之光矣今志所載若姚樞密所在多政績其以不嗜殺爲心又何厚也昔羅大經論賢將獨推曹彬一人蹇非其流亞歟王宣慰名垂元史而列之庶官位固未顯張陽和輯郡志稱其少以范文正公自命且曰元士論南人之賢必推艮爲第一品斯定矣吕少卿載在明史與金壇虞讓合傳雖書不甚悉其風裁有可約畧

見者王葵軒為江西提學僉事彼都人士有再世夫子之稱殆天才也翁榮靖身列九卿或嫌其與分宜相周旋不無遺行然當是時次相如徐存齋肩隨十年曲忍不敢講鈞禮而卒能沉幾觀變以成其事否則少形聲色寮友交瘉非膏鈇鑕即編烟瘴亦復於國奚裨以予讀毛西河王文成傳本云門人相繼揔屬善類因記所知者其一曰翁溥豈有親炙姚江之門而甘為容悅之臣哉必不然矣駱給諫係上面奏有古諍臣之風奈為江陵所

阻不竟其用良可慨也陳方伯内外報最嶺南人祀之名宦今口碑尚籍籍也而毛西河與周櫟園書謂其名不見知於郡邑斯言過矣詩有之維桑與梓必恭敬止讀駱武懿兩疏其遺澤於桑梓者不已多乎余公為御史邑中人具道其疏劾越帥事甚詳而浙江通志列之循吏第載其令封邑時事為多及閱黃梨洲南雷文定得以校諸所聞者不誣余公其遠矣哉馮御史晉令也挖運一疏始終為晉皆亦如富鄭公之於青州自謂過於中書

二十四考者列之名臣奚愧爲　沈椿齡

附名臣

宋

謝仲斌（舊志）紹興戊辰進士故相深甫仲父也女為孝宗皇后封仲斌為魏國公孫若穆任樞密院編修女為理宗皇后封若稷為中山孝王由四明徙居諸暨之廻隊

謹按宋史后妃傳孝宗后謝氏丹陽人幼孤鞠於外家冒姓翟氏則非故相深甫仲父女理宗后謝氏諱道清丞相深甫孫女帝當立后楊太后德深甫有援立功特命選之則亦非謝仲斌孫若穆者女謝后進封三代父魏王祖及曾祖景之皆魯王則所云中山孝王及魏國公者亦非又考宋史謝

深甫傳則臨海人仲斌爲其仲父㲹亦臨海人非四明人且即𢌞隊祖之要亦未必土著爲暨人也而舊志載之如此其志縉紳亦復載有謝仲斌及謝深甫諸人姑另録之而附辨於此

國朝

湯聘

余文儀湯中丞傳字莘來號稼堂世居諸暨之全堂從封公世煜徙居會城遂籍仁和領雍正乙夘鄉薦丙辰成進士派吏部驗封司學習授考功司主事歷員外郎中調文選司丁夘改陝西道監察御史

瀛臺侍宴

賜上用表裏書籍箋絹果餅是秋充順天鄉試同考官明年轉刑科掌印給事中巡視中城庚午充陝西

鄉試正考官奉
命提督江西學政任滿補湖南布政使丁外艱服闋授
江西布政使辛巳奉
旨巡撫湖北壬午改撫江西以湖北狥庇臬司沈作朋
失出歸州盜案解官湖北辦城工甲申授湖南按
察使明年遷西安布政使復陞湖北巡撫又明年
調撫雲南又明年調撫貴州以雲南緬匪擾邊督
臣失機坐不劾解職還京師繫法曹以病卒年六
十有三聘官御史時嘗奏請貧民負販零鹽毋許

兵役阻索略云貧民挑鹽易米額有定數原不在

禁捕之例臣聞外省城鄉集鎮設有常捕私役碁

布星羅遇大夥人強每多袖手一遇擔負數十斤

之貧民輒借名誣索甚或攘為已有此等貧民類

皆典貸為貲家有老羸屋多孩穉嗷嗷待哺而竟

絕食于惡捕之手非所以恤窮民廣生計也又云

各省濱水之鄉民多以漁為業費力不多獲貲無

算此天地自然之美利宜聽民自便毋任胥役借

端設禁奏上

上為惻然下部議可又請嚴富商囤米當緜之令以足
民衣食奉
旨允行其他指切利害恫恤民隱類如此河流大決奉
命由徐州相度地勢開引河殺水勢奏績稱
旨擢外任歷官江西湖北最久若脩城垣清屯田恤疑獄設立常平倉穀條法俱可垂久聘深於經史衡
文以雅贍為宗校閱京闈典試陝右視學江西所收士如彭元瑞戴第元王士棻等皆以文學受
恩遇江右文風踵四家餘習頗病艱深聘力矯之翕然

丕變前後三十餘年秉銓政司文教膺疆寄清操
自勵卒之日家無尺土子克岐甫三歲

忠節人物二

自天作忠聿光往記其忠斯何其身能致維此哲人鞠躬盡瘁捐軀成仁敵愾死義列忠節傳第二

宋

楊欽〈舊志〉字子欽縣浦人授司法參軍佐武穆公殉死朱仙鎮淳祐十年上念其忠命遣督造塋墓賜祭贈吳越路相

何雲子嵩〈浙江通志忠臣傳〉字仕龍德祐間北兵

至傾貲倡義築柵率鄉人抵禦不支與其子嵩並
死於難

朱光　張軫〔浙江通志忠臣傳〕字吉甫明經敦行
元伯顏下江南遣裨將上官碁招撫浙東至縣光
與同邑張軫等率鄉民抵禦光被執口占曰生爲
大宋臣死爲大宋鬼一片忠義心明月照秋水碁
怒以火燃之三日始絶軫亦不屈而死光嘗註西
銘人多佩誦之

元

胡存道一名善〈輟耕錄〉胡善字師善泰定進士胡一中高第弟子也至正乙未以憲僉趙公舉爲松江儒學經師越明年二月苗寇至欲燬孔子廟善坐經席駡寇寇怒殺之廟得免於災先是善以死自許題詩於壁曰領檄來司教臨危要致身但圖存聖像不愧作儒臣及難死果不誣令校官貌其像祀于先賢堂

明

蔣文旭〈毛奇齡孟貞女傳〉文旭年十七膺洪武二

十九年鄉貢授河南道監察御史性耿介與方孝孺遊重之作味菜軒記以贈名大起陳時政十二事中有暱戚殺平人一條忤旨賜死〈浙江通志〉文旭字公旦以論易儲忤旨賜死北面拜曰苟有裨於國臣敢偷生上尋悟赦至無及方孝孺味菜軒記載藝文

姚長子〈兩浙名賢錄〉嘉靖乙卯倭自諸暨突入郡境獲長子貫其肘使為導長子乃紿之西而密呼鄉人曰倭我過某橋若等亟撤之我引賊入絕地可悉就擒我死不恨已而果陷于化人壇四面皆

水我兵絶其後賊知為所紿殺長子剉其屍賊百三十餘人乃盡殲於此鄉人立祠祀長子於死所

傅日烱（紹興府志）字中黃邑諸生幼孤事母盡孝師事劉蕺山學以古人自期甲申之變日烱慟哭請母願自殉母許之遂赴湄池江而死祀郡城殉節祠載明史見朱大典傳

傅商霖詩　子有慈幃白髮親因來癡蠢謬譏人不知子立千秋節即是千秋孝養身

傅商霖（公舉事實）字天資一字思文與從季日烱皆劉蕺山門人性孝友母嗜梅脯有佳者百里必

懷致之母炮終身不履梅下嫂氏孀居商霖事之如母試必擇官有貪墨者輒恚勿就試甲申之變日炯投湄池江炮商霖作詩弔之尋入化成山中亦不食七日死衣帶間藏片紙云率土之濵莫非王臣詎云庶士可以偷生時年四十有七

張鵬翼 闕

吴愷 闕

周于德 闕

國朝

酈引昌子尚英〈浙江通志〉字叔典山東沂州同知隨征湖廣遷判永州府賊騎圍城城陷引昌及妻黄氏季子尚英巻死之事聞贈湖廣按察司僉事賜祭葬廕一子

宣德仁〈浙江通志〉中順治辛卯武鄉試授蘇州衛尉歷陞湖廣都司康熙戊辰督標裁兵據城鼓譟倉猝莫禦德仁死之〈章志〉字元儒號静菴辛卯舉順天鄉試選蘇州衛尉轉漕者六馳驅一十三年

陞江南長淮衛守備長淮屯地被佔丁缺于稽德
仁詳憲具
題清丈得地四百餘頃諸丁感德立碑建祠八年陞
山西掌印都司適蒙古飢
朝廷發倉賑之時大同亦飢兵民洶洶莫知所措德
仁白撫軍各捐俸資爲食於路以待飢者兵民得
免道殣後補湖廣掌印都司任五載除奸剔弊聲
稱藉甚戊辰五月二十二日督標裁兵據城鼓譟
勢甚猖獗倉猝莫能禦時粮道葉映榴署藩司事

德仁潛至藩署曰援兵未至庫項已空不能殲滅

醜類惟有以死報

國耳約定而歸其月二十六日夜傳武昌左衛守備

沈天澤畀以印屬之潛馳隣省呈繳遂死於難奉

詔賜祭葬加贈副將一子廕官

論曰臣無二心天之制也然而治平則公卿鴛鸞

世變則蛇豕鴟獍蓋死生之際亦大矣非死之難

處死之難苟得一二殺身成仁之士固宜前史以

為美談後來仰其徽烈者也抑聞歲寒知松栢世

變識忠臣吾暨死節諸公有不盡然者蔣御史偏

亡軀於英主酈僉判宣都司乃殉節於

盛朝此殆有幸有不幸歟念惟

聖恩髙厚

賜之祭葬廕及子孫是又所謂死賢其生者其垂芳竹

帛有以也前此則胡公尚矣今學宮中猶專祠祀

之固知不愧儒臣其素所自樹立使然也若楊參

軍之殉死於宋史無所考而載在舊志亦已久矣

語云食人之食者忠人之事如何朱姚傅諸公則

祿食不進其口而分㐌不田不以不顯而廢忠蓋又其難也夫忠孝之理所趣不同而究歸則一故蘭桂異質而齊芳韶武殊音而並美向非母命見許即傳公方進退維谷耳古稱范滂有母豈不信哉　沈椿齡

循吏　人物三

一行作吏弛其負擔民之父母我何以堪心勞撫
字寶以不貪膏懷郇伯棠敷名南列循吏傳第三

宋

黃宋卿　舊志字公輔贈衛尉振之子初為翁源主
簿遭歲饑民聚為盜先是縣有銀錫之利禁民勿
取宋卿縱使採之盜遂止息元昊之亂獻策進討
仁宗納之名試舍人院擢第一歷著作郎知洪州

奉新縣終比部員外郎皆能舉其職子渥廣西提刑

朱戩子常〔舊浙江通志名宦傳〕元符中知青田子常復知是縣興建學校崇獎儒業父子繼美邑人稱之

姚宏〔萬歷紹興府志〕字令聲少有才名吕頤浩薦爲刪定官調江山令適歲旱有巡檢自言能以法致雷雨試之果驗民告妖術秦檜以私憾下大理竟死獄中〔隆慶駱志〕初宏未仕時有僧妙應者知人休咎語宏不得令終端午日伍子胥

廟見榴花奇禍至矣以是監税於杭足不登吴山將赴江山轉越謁師憲出城值大風雨憩路旁小廟見榴花盛開詢祝史云伍子胥廟乃五月五日也未幾罹禍辨見姚舜明傳

王琰〔於越新編〕字剛夫其先臨川人父榕爲諸暨令遂家焉由分寧尉累遷知衡州所至有政績胡銓嘗薦之曰治經有行亞西漢之名儒悃愊無華寔東都之循吏識者以爲確論〔萬歷紹興府志〕兄珹字寶臣知通州行業與琰齊名珹子厚之在儒林傳

趙令詪〔浙江通志〕宋宗室世膺之子兩知紹興府

有惠政卒葬諸暨之龍泉鄉子孫因家焉（宋濂周節婦傳）令詪從高宗渡江南居越諸暨遂為諸暨人

酈元亨（舊志）原籍維揚父翰林學士文紹扈駕至越元亨以孝廉授諸暨學正著書講學崇雅黜浮一時人文蔚起秩滿致仕遂卜居焉今為巨族

明

王孟暉（萬歷紹興府志）名揚以字行初知泗州奉公約己教民耕作飭勉諸生視其雅懋者傾身禮之最聞擢知鞏昌坐謗謫瓊州同知縉紳投荒裔

者多跂足待喘而已暉獨盡心修職其所舉行無一不切中人情又喜廉察有風岸瓊人至今稱之方自新

〈紹興府志〉名煇鎰曾孫洪武末以孝行舉授齊安驛丞擢石首令在邑以寬化民有懇告進而兒女語之民至牽令裾相爾汝勿加咄叱會民負逋上官督責旁午掠無完膚自新憫之召耆老富民諷諭之乃先出俸為倡竟得米萬餘石為民代輸餘九百石儲為義廩自是荒歲有賑流徙復歸者三百户石首仍陋俗不知喪禮自新為陳孝

感之義戒以法制民乃導用其教洪武三十年遣使嚴海内徵需實數郡縣冊稍謬輒得罪石首舊牘無稽自新亦就逮父老相率走京師請貸不報竟隸作所明年廷臣言石首有異政所坐甚輕遂宥之超拜鄖陽守郡遭旱蝗逋租十餘萬石民至死無以償乃上章乞入楮幣代租上從之上津竹山二縣土瘠而民貧科繇乃與壯縣齒自新為奏減租稅之半未幾中原搆兵中使四出督轉輸括兵器閭閻騷動自新以郡當凋瘵之餘不忍重困

請自繫中使初慍而終義之凡所賦得減他郡考績北上至龍江卒鄖陽人哀之如喪慈父

鄭宏〔宏治紹興府志〕字仲耀永樂初以明經判安慶府改饒州陞南安同知所歷皆有善政饒民以燒瓷爲業故多官府造作之所宏嘗監督其事忽値窰變瓷器皆成異色守者將以上聞宏謂任土作貢不强所無倘因適然而責其常然後將何以應遽毁之民立祠窰所以報德

馮讓〔浙江通志〕字履吉正統舉人歷教新安陽信

遷知沛縣縣當津衢民力疲於迎送謙力為裁節邑有戚畹莊梨木廠為民大厲皆奏罷之又浚昭陽湖建飛雲橋民賴其利子珏以文學稱歷官員外郎

徐琦〈浙江通志〉字廷振正統舉人授崖州知州崖民多黎戴竹笠子垂髻來見琦諭以服色當從中國為易方巾直領之製簡率俊秀使趨於學教以昏喪禮俗為之變在崖九年改道州知州政復報最致仕〈紹興府志〉琦四歲而孤十五補弟子員遊宦幾二十年歸老好禮敦義人稱長者

蔣憲〈浙江通志〉天順年選貢入京任湖廣應山縣

知縣時民未知耕悳爲犁教以耕婦不知紡悳爲制紡車教以織應山民自此饒富

陳祥舊志字逢吉由歲貢任臨安府推官錄經史恤刑者數百條貼座右爲官箴政尚寬平郡人解磁器供上遇風失水有司俱擬重刑祥以非其罪釋之免死者三十六人

陳翰英隆慶駱志字廷獻景泰癸酉舉人官南雄府同知時流賊犯境翰英身率民丁據險設奇斬獲數百民賴以寧郡境傳有紗帽石爲祟翰英以

火烈之人服其正引疾歸田年九十卒所著有記遺集

駱瓏 駱問禮先太守公傳 字蘊良第進士任安陸司馬州固嚴疆瓏下車即建白盧洑河泊等浮稅悉蠲除之治屬襄陽孔道藩封租逋武當香供中使頻經磨牙橫噬瓏剛柔兼濟惠澤旁敷聲著循卓後陞粤東潮州守潮固昌黎伯所憩教化凌夷弱肉强食其弊種種瓏作諭俗詩以鼓秀髦文章政蹟彪炳嶺海三年報最例授江西副憲乞假歸

省遽爾屬續

趙有仁（舊志）字德洪，號雞山。嘉靖中由經歷陞趙府審理正。趙府有獄，其人慮以富累，奉有仁以金二千。有仁曰：「若本無罪，賄乃罪也。予而受金，予亦罪。與其兩罪，何如兩無罪之爲得也。」却之，仍出其獄。

陳鶴鳴（陳于朝先大父墓誌）字子聲，自號閬野。游太學，以資領南北軍參軍，除外，得揚州幕。揚州當東南都會，鉅俠大姦往往舞文法，羣盜復從橫江

淮上下鶴鳴至數月吏民稍稍纍息奉令甲盜相
戒無入揚州疆其地多大賈率用鹽鹽侵牟作神
姦殆不可摶景沃饒之區以江淮溢而磽隁錯出
爭以田賦相詭及鶴鳴視事鹽筴益裕吏胥無敢
溷獻程癸未歲大祲遠近有捐瘠鶴鳴受命發賑
立法甚善全活數萬會徐邳河決撼祖陵有司發
卒數百萬治陂障授吏數百萬繕董其役時已遣
他吏當事者走白司空潘季馴潘曰胡以反舍陳
君也亟奪他吏檄授鶴鳴既落成省撫費可萬金

吏請持歸不聽盡舁以報司空并陳方畧爲築閘范稻河果爲百世利鶴鳴乞歸以子貴進通奉大夫卒年七十有八

謹按潘公治河爲千古一人陳爲潘公許可是亦所謂附青雲之士以垂名于後世者也

陳善學（補遺）字淵止萬歷壬子舉人授五河知縣五河乃善學從曾祖父元魁舊治遺愛在人善學復多惠政人稱濟美時白蓮教熾善學聞其軍資悉備乃秘授方畧刻期舉事擒殲渠魁餘黨遂散五河地卑患水善學相其隰原築堤疏流水不

為災後陞廣德州知州丁内艱歸遂不起善學豫
己失所刻有楊鐵厓先生古樂菴文集
府雲間陳繼儒同閲板尚在

姚一鸞萬志字孟喈號象先萬歷乙卯舉人授西
安教諭日進諸生討論經義三衢稱盛學宫傾圮
一鸞為倡率改造數月落成陞英山知縣英在萬
山中地瘠民貧賦繁役重屬水漲湮没民田征輸
如故一鸞為請於上得允豁免治英惟以撫循為
心緩於催科至終歲不一動刑民亦輸將恐後滿
三載乞終養歸

楊肇泰〔章志〕字六符萬歴己未進士初授靜海甌寧兩縣有政聲陞刑户二曹主事房師黄白安領袖東林欲薦爲臺省時魏璫柄國以親老辭出守武昌丁艱服闋補安慶守會流寇猖獗隣郡皆陷肇泰設法扞禦雖元旦守備不輟賊以肇泰賢守相戒毋逼堅持六載以病乞休肇泰善藻鑑如史閣部可法金侍郎聲皆出門下課試首拔者如高爾儼吕纘祖俱順治初作宰輔家居後積穀備荒戚族賴之捐祀田并三黨田以千計

郭元佐 章志字含冲以明經授汀州訓導士風丕振陞郴州雝容令招佃開墾起究宣滯人稱良吏攝象州篆州多猺患數梗不服元佐置堡設兵恩威並用洞傜悉化轉思南同知委攝府篆復多惠政及歸里官橐蕭然

國朝

蔣爾琇 紹興府志字玉秀順治丁亥進士授河南原武知縣鋤強剪蠹不遺餘力撫軍亢得時甚器重之卒以不畏强禦罷官歸里方初第時浙疆未

靖土氛四起爾琇躬率鄉勇討平群逆四境賴以
乂安

孫紀〈章志〉字印元由太學生授福寧衛經歷詰賛
兵戎修明保伍姥山瀕海寔賴以安以功擢郡司
馬告歸

駱起明〈余縉駱念菴墓誌〉字子旭號念菴生而頴
敏族兄給諫纘亭先生垂老一見輒器重之曰是
将大振吾宗者弱冠為弟子員慕蕺山劉忠端公
講學蹻屩從遊深悟致知之要丙戌登賢書就慶

元學諭旋陞直隸雞澤令以詿誤謫靜寧州倅明敏果決守以下皆敬服之嘗釋冤獄十有七人已復貴定令改永春邑故僻饒前此寇氛兵燹徵求殫竭陋例相沿小民如處沸釜起明至即條上十苦盡除積弊凡政有裨於民者知無不為尤勤於作士季課月試所識拔聯飛者八人以倦遊乞歸撫軍勉留再四士民皆攀轅泣請牘凡十餘上始允宦槖蕭然一寒士也作文自擬韓柳書法顏米二家居常徜徉巒壑涵跡漁樵自號楓林釣叟所

著有自怡集雁字十三章甘露亭八景詩開迷歸正集行於世

章平事〔公舉事實〕字大脩號無黨壬辰成進士出黃岡劉子壯之門初刻懶名齋文稿劉序之謂以性情闢聖賢生面如禪家從逼拶中出不獨以矯矯離奇擅一時之名也選除得河南永寧令永寧大家敗法貧民穴居不聊生平事悉心撫字務使安集勢家有欲甘心於僕者陰令人囑之欲與重議平事不可曰罪不至死豈以一命博一官乎弟

杖釋之勢家拂然直指清兩河田賦平事曰此特
豪強隱匿耳剔釐不稍假勢家益啣之卒用是免
官未幾按使
特疏起復官諭余恂亦勸之仕平事曰僕二老同登大
耋在官當告歸況復出乎遂終養家居四十年益
肆力於古稱極博所著有受盞堂集前此康熙中
邑令蔡杓奉檄纂脩縣志平事主之今稱章志
錢洪袞（公舉事實）字景明號雁湄大父苻萬歷丁
未進士歷任至山東副使父芳肅副貢生俱自有

傳洪褒中順治丁夘鄉試授山東清平令前令闕扁過嚴民情多壅洪褒一切屏去曰此心如重門洞達須使人人皆見耳清固孱邑地與隣邑相錯籍久散失告牘山積莫能決洪褒蒞任即請清丈以剔弊竇犯星冐霜櫛風沐雨經畧就理課額始定時大軍南征縴挽船隻動經民夫萬餘軍令遲悞者斬必先期集禁以俟民甚苦之洪褒悉縱使還家約如期至及期果一呼而集溢額數千豪右甯某父子濟惡戚屬據津要助其焰洪褒廉得之

立置之法劇盜崔廷玉號截道虎橫行鄉邑白晝殺人吏莫敢誰何洪衮以計捕得立斃之羣盜屏息及去邑民思之不置建祠魏家灣祀之

壽佺（公舉事實）字純菴康熙初以貢生任福建漳浦丞署縣事時同郡姚啓聖爲總督與佺故交方燕見授以小柬曰辦此歸資足矣佺視曰辦此必多殺殺人得資佺不爲也姚曰吾特試君耳遽焚之計其中全活以千計後佺以子致潤授翰林院檢討贈奉直大夫子致潤傳列文苑致浦傳列後

余毓澄公舉事實字靖瀾號退菴侍御縉長子也康熙壬子拔貢生乙卯舉於鄉壬戌成進士除湖廣龍陽令始抵任設匭櫝以授指陳擇其可者立見施行翦蠹除莠威以濟恩比年俗革邑尚鬼傳有羊祟毓澄禁之有邪術能寄形脫械者煽惑甚衆毓澄廉置渠魁於法餘黨乃散任五載宿弊一清邑遂稱治引疾告歸隱居楓溪之上享林泉之樂三十年興到賦詩真樸淡逸雅近斜川所著有心遠堂集

樓續〈公舉事實〉字爾成，號青城。中康熙庚午科浙榜，逘授直隸良鄉知縣。縣多貴莊，劇役，民苦之，潛亡他境。續至，痛抑豪強，一意拊循。每當役興，爭之上官；有不得爭者，輒以身先，上官亦鑒其誠，多爲罷之。地嘗設有敲冰兵千餘，當事者惜以一時之役，縻終歲之帑，去其籍而移役於瀕河部民，良鄉亦在部中受役。書時隆冬冰堅，當事督役甚急，民皆執杖僵立水中。續謂民未嘗親其役，于事不習，強驅之必多死，爭之不得，即洗足執杖下水。當事者遂止之役亦遂息在縣七年折獄必得其情民以無寃囹圄亦為之空隣有因路出良鄉寄獄廬蓋已錄為大盜論死明日且赴法曹對簿績廉知其枉請留鞫之不可請益力法曹怒責捕真盜乃聽出不爾罪且及績從容前諾之不踰時果捕得真盜出其囚於獄一時稱為神君先是有盜十餘人夜入其署發篋見敝衣數事厨無餘蔬嘆息而去廉聲因之益播良鄉民愛績如父及解任民膳之及卒民祀之

楊三炯

方桑如楊南喬先生傳 字千木一字南喬尊甫存園以理學鳴著書滿家三炯畧皆上口既冠補諸生充康熙乙酉科鄉試再試春官會河甾衍溢有言三炯才者因署試河吏為江都丞遷判高堰遂署知山陽縣兼内外河判丞尋陞郡丞督漕運凡六任不離河擢山東兗寧河道方丞江都時有豪家奴奪民妻為婦有妻者直之官吏數牒皆庋閣不理三炯以耳目廉得之械其奴三木囊頭肆諸市立載其妻還故夫豪家熟視無如何也

及判高堰河督某公有紀綱之僕曰崔三巡校高堰諸役工搖唇一發能令公喜怒以是人畏其口掊權傕金錢無算坐自貴大平揖監司其視三烱羸然判也則益藐之三烱怒而批其頰一摑掌血泣而訴諸河督河督亦未有以難高堰歲一修然率以茭葦三烱謂此特取過目前耳將為之計深遠非石楗不可大吏據以

上聞乃別置馬子鞍分殺水怒而於堤上置石子堆備倉卒取土之難又為月塘堰旁萬一堰決權以塘

抵其衝使得便於搶築其策皆三炯發之其視事
究東道也書役凡數千人春秋間例有餽三炯怪
之問故吏吏曰此非真書役皆豪子弟掛名簡端
以辟他徭者野人𣪠芹所以報也三炯曰賄以免
徭則徭者胥窶人子矣不平謂何且彼既賄而掛
名終不肯但已將見事風生取償焉而官既入其
賄勢不得復呵問是交手爲市也卻其餽平其徭
且爲厲禁以示後人以歲計之斥去者蓋萬餘金
云相國海昌陳公時撫山東徼行至濟州見獄囚

皆淌以委三烔不終日而畢〔方苞楊千木墓誌〕余始得長沙陳公滄洲每為滄洲道三烔之為人及三烔為河官而滄洲巡視南河以書来告曰楊君信天下士也洪澤異漲水漫高堰没踝三烔使吏卒更番揵葦芧以護堤而身督教之晝夜植立水中凡四旬有七日民以安堵聲績自是顯著遷運河同知擢濟寧道獄訟者争赴焉廉使所司案牘為之稀河濟間至今皆曰河官而兼民治實德在人者惟閩中余公甸至楊公二人耳為河道歸匿

迹郊野朱相國領京畿營田思得能者自助予以

三烔對三烔聞之以苦言謝公今

天子嗣位搜括羣材有宿負者多見湔滌朱公暨余將

合辭訟言於

朝而三烔疾已沈痼矣卒年六十有七

壽致浦 公舉事實 字雲濱號頤岩父佺任福建漳浦丞多陰德年六十生致浦人謂異日當以循良克肖亦如乃公任漳浦云致浦舉辛卯鄉薦癸巳成進士知河南獲嘉縣甫下車即諮訪民隱加意

撫循時漕政方急致浦平斗斛權量惟謹民樂輸
將邑有吏役火夫之需悉皆民間供應致浦力為
裁革諸如日用器物以及芻餉等費悉準時值採
取省費無算治獲數年兼攝淇縣其政績一如治
獲制府報卓異

引見

賜蟒袍一襲陞禹州知州始終一節政通民和人稱慈

母

傅學灝　公舉事實　字兆漁號次淳康熙丁酉舉於

鄉雍正庚戌成進士分發湖南任衡陽知縣衡陽地廣事繁訟牒山積學灝多所平反必得其情民間鬻田宅者價昂輒取贖受鬻者慮其然輒浮價易券學灝察其情僞不使稍蒙訟日以少民俗輕生欲害人多飲藥自殺學灝準情附律民皆自愛凡任六年致仕學灝精於衡文先是雍正己酉例取隣省舉人進士未入仕者充同考學灝分房閩闈及任衡陽分房楚闈者二所得皆名士如劉編修元炳胡庶常師孟方員外鳳陳郎中朝礎皆出

門下

楊倓（公舉事實）字素鑑號亦厚從父三炯為河官倓與辦河務甚縉練乾隆四年河院東軒高公以倓久於河務委署淮安海防同知明年

題署中河通判越五年三韓白公

題授徐州邳睢同知中河為漕運要區倓蒞任五年蓄洩以時糧艘商船遄行無滯其支流曰鹽河設壩以經啟閉會汛水盛漲倓恐運河高支流漸低下注則東安海州盡遭淹沒因增築鹽河壩日夜

防護親督兵丁於風雨泥淖中旬餘始定鹽河之支流曰武漳河亦設壩居民利啟鹽運利塞主者各執其私倎集牧令約曰商民皆
朝廷赤子豈容吾輩歧視耶立水準涸塞盈啟商民均受其利邳睢署在舊邳州署左有孔子廟久圮倎鳩工重建廟貌復新蒞邳睢三年兼轄黃運湖河工程遼遠修守紛繁倎精心籌畫先事預防境内得寧凡在河九年兩
引見

特授常州府知府倎益以清操自矢惠山舊有水遞以
供太守茗事倎曰到来只飲官中水豈可以遠致
百里勞我民哉竟卻之及去常乃爲文質神以告
無私奉
命仍回河工中河水溢隨河院搶築復委銅沛同知事
卒官
翁維寧（公舉事實）字奠顒號東崖由監生補寧夏
鹽課司大使時商吏舞文私匿鹽井百二十口一
井私錢十千維寧廉知之揭上憲司革去陋規鹽

政遂肅巡撫劉于義
題署武威縣事實授永昌知縣俗剛暴多輕死訟不平輒上絕壁投崖下名曰跳崖維寧理諭之許擊鼓以聞立雪其究地以溝水資灌溉遇旱輒鬬死維寧為作限田法計畝分溉訟以稍息邑連番酋界放牧番境即匿沒維寧與其酋長約各無私庇邊境以和

論曰前漢書列循吏六人後漢書列循吏十有一人晉宋以還或稱良吏或稱良政大畧從同以吾

暨一邑之良當古史中一代之吏乃不啻過之不可謂不盛矣夫善政之於民猶良工之於埴也用功寡而成咢多故東里相鄭西門治鄴潁川黃霸蜀郡文翁建績同而設施異莫不有因時制宜之道焉若以古化治今民以今吏撫前俗恐亦遷地弗良也如志所列人各一方治各一術著其績用之最章章者表而出之家有賢良人稱能吏庶幾哉名前杜後蕭規曹隨治縣私一家之有譜不其褊夫換縣因而令以稱優方兹蔑矣　沈椿齡

諸暨縣志卷二十四

武功 人物四

邈彼荒遐狡焉思肆有赫茲威一矢加遺禡纛於門雷車電熾克壯其猷師干之試列武功傳第四

宋

姚舜明 嘉泰會稽志字廷輝進士宣和二年盜發睦州連陷杭睦衢婺處歙六州以舜明通判婺州兵數千人穿賊境以入郛晨登義烏門治城壁飛矢雨集舜明新率從兵以石擊賊既而引兵出戰

賊遂大潰又賊帥洪載衆四十萬據處州不下舜明訪得其母妻令載所厚范淵往諭載即解甲來降除直秘閣提點兩浙刑獄建炎三年除知江州兼本路撫制使李成擁衆三十萬至城下舜明布列將士晝夜接戰賊衆蹙踣不可勝記又開關奮擊生擒其將王林等賊攻益急舜明輒以計襲破其營復克江淮荆浙都督府隨軍轉運使曹成馬反據湖湘間反側未定命舜明往招撫遂以二賊入朝韓世忠劉光世駐軍江上朝廷以舜明計臣

俾置司建鄞以總經費調發犒賞百須以給丐間除集英殿撰提舉江州太平觀進徽猷閣待制卒萬歷紹興府志累階中大夫文安縣開國男贈太師所著有詩文十卷奏章三卷補楚辭一卷子宏寬憲宏載循吏寬載儒林憲載名臣

隆慶駱志其先自剡來遷萬歷紹興府志忭按姚氏父子舊志皆云嵊人而諸暨新志乃云暨人且言坟墓子姓具在當必不誣然以两邑鄉賢祠考之嵊及暨並祀舜明而寬及憲則但祀於嵊豈舜明初居暨而二子遷於嵊耶

謹按舊志載台輔坊為宋叅政姚憲所居府志載宋待制姚舜明墓在長寧鄉子樞密憲墓亦在旁

居輿墓皆在暨憲亦未始由暨遷嵊

孟載　兩浙名賢錄鄒國四十八代孫高宗時扈駕南渡授環衛上將軍卒贈太尉家諸暨夫槩里

張定　吳萊張定傳張定者諸暨人初為武學優等賜第從軍建康歷清流潛江令浙江通志定從軍建康時清流有磴冦屢征不服定建言冦本良民撫字失宜因而作亂願往降之遂使攝令入洞降冦五十餘人端平間史嵩之制置荆湖孟珙帥軍夾攻蔡州奉香朝謁八陵定以受給錢糧從守鄧州時河南始通豪傑義士歲食官廩者僅萬人及兩淮進兵攻湖

北制置司計議官出江陵措置邊防團結水寨權
守峽州將羸卒萬餘對壘生擒回紇頭目夷梓公
奪馬五十四騎俘數千人遂以功換閤門宣贊舍
人知泰州累疏論清野利害不報去職復江東總
管建康駐劄兼沿江制置司計議官名守融州廣
西經畧司言左右江有警融據其衝欲調外軍定
曰本土自有峒丁疑丁耳目便捷器械銳利若能
團糾調用皆精兵也可以應敵外軍懸入不諳水
土惡弱不熟谿洞險阻無適於用坐受羆斃乃大

置酒教場亭上鳴鼓一呼萬甲蟻集經畧司聞而大驚遂劾罷定吳潛當國起知通州改守德安府開慶間賈似道開都督府定往謁曰德安地小不足展布四體勢須假吾一命圖得要領歸報幕下會北兵十萬越閩嶺而東別屯黄陂陽臺定亟言德安城壁单阤合盡徙居民保漢陽都統制劉炎遽引所部禦之陽臺矢下如雨兵猝不得進似道命移德安治吳王磯頭定曰兵法先發者制人後發者制於人今幕府無先發之兵而德安移治彼

進我退異日將無地投足遂單騎詣轉運使趙葵稟議曰夫南人貴舟北人貴騎今聞北兵更用舟師鄂漢兵單弱不敵宜亟團捕魚湖船虛張旗幟部令不測使出沒炫燿江北洲渚間則大江徑渡之謀可少戢也不然一旦渡江復以鐵騎蹂我鄂漢必危葵怒曰長江天塹北兵豈易渡哉君郡守知不離德安一步言及鄂漢何曾也宓曰德安小郡鄂漢荆閫要害今北兵破沙洋泊陽羅洑掠取漁船斵改鞦幫旦暮斧斤不絕整兵練衆意在渡

江萬一舉鞭逕渡東南閧動吾豈獨受誤國罪哉癸怒愈厲曰漁舟如葉江濤渺然我轉運使也毋欺我定力爭不已曰事勢至此謀議不信嘻吾死矣已而北兵渡滸黃洲癸遂殺定定歿鄂漢大抵陷沒如定言

爲説者曰予嘗到諸暨過定所居處得墓隧間故碑刪爲傳方史孟之夾攻蔡州蔡下故所失地歸我子女玉帛悉輦而趨北朝廷持其議曰今幸得一空城是徒有受地之名而又無兵無糧以實其

地終亦不守史與孟皆報羆北兵復起於是趙葵許戡等出軍河南大兵迎敵我軍隨潰遂割唐鄧海泗以請和當是時定守鄧州竟無與成功者已而襄樊破鄂漢有警磨昆善闌之兵又擣貴象奪辰沅長沙取滸潢北渡與鄂漢兵合丞相賈懼開督進戰遣使乞解而定復為之用且欲彷彿乎荊軻秦武陽之遺風非其道矣自是北兵南下由郢之沙洋攻陽羅洑直渡江至鄂南門丞相賈統兵扼蕪湖孫虎臣前鋒對陣夏貴挾戰船二千五百

橫亘江中丞相賈將後軍殿亂射北船執縛邏騎且挑戰北兵集將樹砲擊其中堅雷鼓大振呼曰宋人敗矣丞相賈即倉皇失措舳艫簸蕩乍分乍合北兵麾小旗率輕銳橫擊深入殺溺蔽江圖籍印符悉已遺失軍資器仗狼籍不可勝計丞相賈東走揚州孫夏並降當是時定言悉驗然定死已久矣或曰葵與賈不協故置定死地或曰定使間到北欲翻溧陽城誘覆其衆失期一日故棄城出奔葵殺之也或曰賈至鄂許納歲幣而北兵退復

有陰謀俱洩故欲殺定託之葵也嗚呼當滄海横流之際人材國勢一至於此豈不重可哀憐也哉

楊賢〈舊志〉甲辰進士知武義縣歷陞靖江節度使屢建軍功娶吴氏為憲聖慈烈皇后甥女以戚畹追贈中山王

隆慶騶志見質實篇

元

楊實〈浙江通志〉字國華明經通武畧補州弟子員〈萬歷紹興府志〉累舉進士不第遂棄去築室桐岡博綜羣籍攻苦食淡不靧櫛者十餘年延祐

間以耆儒徵歷知吉州軍事適寇犯境勢張甚實募驍勇數百人躬爲先鋒奮擊悉平之以功擢淮南東路檢法〔萬歷紹興府志〕尋陞都奏進院檢試南宫號稱得人遷大理寺丞

明

蔣貴〔正德諸暨縣志〕貴義安鄉三塘人〔明史本傳〕字大富以燕山衛卒從成祖起兵雄偉多力善騎射積功至昌國衛指揮同知從大軍征交阯及沙漠遷都指揮僉事掌彭城衛事宣德二年四川松

潘諸番叛充右叅將從總兵官陳懷討之募鄉導
絶險而進薄其巢一日十數戰大敗之進都指揮
同知鎮守密雲七年復命為叅將佐懷鎮松潘明
年進都督僉事充副總兵協方政鎮守又明年諸
番復叛政等分道進討貴督兵四千攻破任昌大
寨會都指揮趙得宫聚兵以次討平龍溪等三十
七寨斬首一千七百級投崖墜水死者無算捷聞
進都督同知充總兵官佩平蠻將軍印代政鎮守
英宗即位以所統皆極邊地奏增軍士月糧正統

元年召還為都督阿台寇甘凉邊將告急命佩平虜將軍印帥師討之賊犯莊浪都指揮江源戰歿亾士卒百四十餘人侍郎徐晞劾貴朝議以貴方遣軍甘州勢不相及而莊浪乃晞所統責晞委罪置貴不問明年春諜報敵駐賀蘭山後詔大同總兵官方政都指揮楊洪出大同迤西貴與都督趙安凉州塞會勦貴至魚兒海子都指揮安敬言前途無水草引還鎮守陝西都御史陳鎰言狀尚書王驥出理邊務斬敬責貴立功貴感奮會朶兒只

伯懼罪連遣使入貢敵勢稍弱貴帥輕騎敗之於狼山追抵石城已聞朶兒只伯依阿台於兀魯乃地貴將二千五百人為前鋒往襲李安沮之貴拔劍厲聲叱安曰敢沮軍者死遂出鎮夷間道疾馳三日夜抵其巢阿台方收馬貴猝入馬羣令士卒以鞭擊弓韣驚馬馬盡佚敵失馬挽弓步鬬貴縱騎蹂擊指揮毛哈阿奮入其陣大敗之復分軍為兩翼别遣百騎為疑兵轉戰八十里會任禮亦追敵至黑泉阿台與朶兒只伯以數騎遠遁西邉悉

平三年四月王驥以提閫論功封定西伯食祿一千二百石給世券明年代任禮鎮甘肅又明年冬以征麓川蠻思任發名還京六年命佩平蠻將軍印充總兵官與王驥帥師抵金齒分路進擣麓川上江寨破木籠山七寨及馬鞍山象陣功皆第一明年師還進封侯益祿三百石八年夏復佩平蠻將軍印與王驥討思任發子思機發攻破其寨明年師還賞賚甚渥加歲祿五百石是役也貴子雄乗敵敗帥三十人深入敵扼其後自刎沉於江贈

懷遠將軍彭城衛指揮使十四年正月貴卒年七
十贈涇國公謚武勇貴起卒伍不識字天性樸實
忘已下人能與士卒同甘苦出境討賊衣糧罷械
常身自橐負不役一人臨陣輒身先之以故所向
有功子義病不能嗣以義子琬嗣侯累加太保兼
太子太傅卒贈涼國公謚敏毅子驥嗣再傳至孫
傳累典軍府加太子太保明亡爵絶
謹按蔣貴生斯長斯聚族于斯而其後隸籍江都
實暨人也其里居世系及發祥之阡吾暨及今猶
夫人能
言之

錢時章志字中甫號惺復萬歷丁未進士由常州司李分較南闈得士為一榜冠以剛介左遷秦中移商河令歲大饑時冒雪行阡陌稽口授糧全活無算商河故盜藪往往刼掠城市時擒其魁治之盜遂息遷工部主事榷關蕪湖著有榷蕪輯畧丁艱歸服闋補原官未幾擢按察副使整飭上川南道會奢酋犯順制府疏請用時專任督餉建議兵運時為置頓舍均勞逸發邛渡瀘飛輓千里兵食以充陞左叅政備兵漕濮屬寇臨濮城發兵赴援

時厲卒直擣其巢盜用以戢旋罷歸優游書史著来園集来清堂稿輯古文特抄四書類編行世子芳肅自有傳列孝友

論曰昔人有言絳灌無文隨陸無武蓋言兼之者之難也人才視國運為盛衰而文武恒不並著當其盛時黼黻休明潤色鴻業文治隆矣及夫武功之著必其在元黃野戰之日以故國運盛人才盛而武功偏少國運衰人才衰而武功特多遇使之然也吾暨武功之赫赫者宋則姚太師有制勝之

才而不能保汴京之不陷張德安有料敵之智而不能使鄂漢之不淪一木自難支噬臍且何及也明季率右文而左武故其末造將士多驕而不為國用若蔣武勇起家卒伍能歷險而披堅錢大參以文秩備兵能戢萑而弭盜三百年來僅得二人可不謂錚錚者歟自是而後乃竟無一人入志者

我

朝重熙累洽生斯世者目不覩金革之屬耳不聞鼓鼙之聲蓋天下之平久矣猗歟休哉沈椿齡

諸暨縣志卷二十五

儒林人物五

道隱未形德輶如羽乃如之人詩書義府顧惟後昆貽我高矩欲禔其身必入其户列儒林傳第五

宋

張堅（兩浙名賢錄）字適道家貧篤學以聖賢自任聞胡安定教授湖州負笈徒步往從之旦夕研味至忘寢食不期年盡得六經之奥辭歸鄉里從遊甚衆後以八行舉得官尋改京秩貧不能給吟嘯

自若時稱為醇儒

黄開（萬歷紹興府志）字必先博學好古邃於經術所論著有語孟發揮周易圖説孟子辨志麟經總論春秋妙旨六經指南諸史決疑暨陽雜俎浣溪文集共二百六十餘卷舉紹興二十四年進士官崇安令（宋高宗詩）不德作民主賢良在朕旁普天夫子鐸仙籍桂枝香昔日燕山竇今朝浣水黄雁行常不亂衣錦好還鄉

姚寛（寶慶會稽續志）字令威以父舜明任補官至樞密院編修博學强記於天文推算尤精究顔亮

入寇中外以為憂寬獨推太乙熒惑所次為賊必滅之兆亮果自斃上以其言驗名對移晷疾作什榻前卒〔萬歷紹興府志〕上為官其一子寬詞章之外頗工篆隸及工技之事著有西溪集十卷史記注一百三十卷補注戰國策三十一卷五行秘記一卷西溪叢語玉璽書〔萬歷紹興府志〕有古樂府二卷擬樂府數篇俱超越漢魏

王厚之〔嘉泰會稽志〕荆國王文公從孫厚之自臨川來暨陽令為直寶文閣平生淡泊無他好獨好聚金石刻又特精鑒故所得尤多自三代彝鼎款

識秦漢以降碑篆銘碣縣崖斷壁題字紀績收刊補鈌整緝湮滅皆大備於所著復齋金石家世有右軍繭紙建安帖尤所寶惜常以自隨〔兩浙名賢錄〕字順伯乾道二年進士歷淮西運判改江東提刑進寶謨閣致仕平生好古博物尤著意金石刻文所著有金石錄三十卷考異四卷考古印章四卷題跋周宣王石鼓文後考訂秦惠王詛楚文精鑒絶識刻劃淺深殘辨無遺識者賞其博雅

陸唐老〔浙江通志〕陸狀元唐老通鑑詳節一百卷

元

俞漢浙江通志字仲雲精史學著史評八十卷春秋傳三十卷象川集十卷進呈書付禮部頒行辟爲儒學教授不就萬歷紹興府志家頗饒歲飢出粟五千石以濟貧乏後卒士友私謚之曰文惠

胡一中父渭弟一貞子澄混從孫學萬歷紹興府志字允文以進士補紹興路録事著有童子問序四書集箋定正洪範三益藁等集父渭字景呂著有雞肋集弟一貞亦善詩文有雪林小藁壎篪

小藁子澄登洪武中進士著有鶡突藁混舉明經從孫學俱彬彬有文有八咏見山水諸記

楊維楨〔明史本傳〕字廉夫母李夢月中金錢墜懷而生維楨少時日記書數千言父宏築樓鐵崖山中繞樓植梅百株聚書數萬卷去其梯俾誦讀樓上者五年因自號鐵崖元泰定四年成進士署天台尹〔宋濂墓誌〕天台多黠吏憑陵氣勢仇官短長先以餌鉤其欲後乃扼抗使不得吐一語號為八鵰先生廉其奸中以法然其黨頗蜊結蛇蟠不可解卒用是免官改錢清場鹽司令〔宋濂墓誌〕時鹽賦病民先生為白浙江行中書獲減引額三千狷直忤物十

年不調會修遼金宋三史成維楨著正統辯千餘言（朱彝尊傳）至正初修遼金宋三史成正統迄無定論維楨著三史統論謂元之大一統在平宋不在平遼與金統宜接宋不當接遼總裁官歐陽元功讀且嘆曰百年後公論定於此矣將薦之而不果轉建德路總管府推官擢江西儒學提舉未上會兵亂避地富春山徙錢塘張士誠累招之不赴（戴冠濯纓亭筆記）張士誠據姑蘇元主以上尊酒賜士誠士誠設宴以饗使者楊廉夫與馬即席賦詩江南處處烽烟起海上年年御酒來如此烽烟如此酒老大懷抱幾時開士誠得詩甚慚遣其弟士信咨訪之因撰五論具書復士誠反覆告以順逆成敗之

說〔朱彝尊傳〕書曰閤下乘亂起兵以獎王室淮吳之人萬口一辭以閤下所為有不可及者四兵不嗜殺一也聞善言則拜二也儉於自奉三也厚給吏祿奸貪必誅四也此東南豪傑望閤下之足與有為也雖然為閤下將帥者有生之心無死之志矣為閤下守令者有奉上之道無恤下之政矣為閤下親族姻黨者無制祿之法有奸位之權矣假佞以為忠託詐以為直飾貪虐以為廉最可畏者動民力以搖邦本用吏術以括田租銓放私人不承制出納國廪不上輸受降人而不疑任忠臣而復貳六者有一足以喪邦閤下不可不省也夫當可為之時有可乘之勢迄無成效其故何與為閤下計者少而自謀者多也維楨老且病爵祿不以干閤下幸采其言小可以為錢鏐大可以為晉重耳齊小白否則身犯六畏不有內變必有外禍始憶維楨言嗚呼晚矣士誠不能用也又忤達識丞相徙居松江之上〔貝瓊傳〕築元圃蓬臺於松江之

上榜於門曰客至不下樓恕老懶見客不答禮恕老病客問事不對恕老默發言無所避恕老迂飲酒不輟樂恕老狂海內薦紳大夫與東南才俊之士造門納履無虛日酒酣以往筆墨橫飛或戴華陽巾披羽衣坐船屋上吹鐵笛作梅花弄或呼侍兒歌白雪之辭自倚鳳琶和之賓客皆蹁躚起舞以為神仙中人洪武二年太祖名諸儒纂禮樂書以維楨前朝老文學遣翰林詹同奉幣詣門維楨謝曰豈有老婦將就木而再理嫁者邪明年復遣有司敦促賦老客婦謠一章進御曰皇帝竭吾之能不强

吾所不能則可否則有蹈海死耳〔元詩選注〕明太祖初即位遣翰林詹同奉幣徵維楨維楨賦老客婦謠曰老客婦老客婦行年七十又一九少年嫁夫甚分明夫死猶存舊箕帚南山阿妹北山姨勸我再嫁我力辭涉江采蓮上山采蘼采蓮采蘼可以療飢夜來道過娼門首娼門蕭然驚老醜老醜自有能養身萬兩黃金在纖手上天織得雲錦章繡成顛補舜衣裳為妾佩古意揚清光辨妾不是邯鄲娼同為作老客婦傳維楨又有詩曰皇帝書徵老秀才秀才懶下讀書臺商山本為儲君出黃石終期孺子來太守枉於堂下拜使臣空向日邊回老夫一管春秋筆留向胸中取次裁 帝許之賜安車詣闕廷留百有一日所纂叙例畧定即乞骸骨帝成其志仍給安車還山史舘胄監之士祖帳西門外宋濂贈之詩曰不

受君王五色詔白衣宣至白衣還蓋高之也抵家卒〔隆慶駱志〕洪武初名修集禮書抵京作老客婦謠以見意或勸上殺之上曰老蠻子正欲吾成其名耳遣之還松江卒此與明史不同年七十五〔鐵崖壙誌〕生元貞元年卒洪武三年年七十六維楨詩名擅一時號鐵崖體與永嘉李孝光茅山張羽錫山倪瓚崑山顧瑛為詩文友碧桃叟釋臻知歸叟釋現清容叟釋信為方外友見鐵笛道人自傳

張雨稱其古樂府出入少陵二李間有曠世金石聲宋濂稱其論撰如觀商敦周彝雲雷成文而寒芒橫逸詩震蕩陵厲鬼設神施尤號名家云〔宋濂

〔墓誌〕所著有四書一貫録五經鈐鍵春秋透天關禮經約君子議歷代史鉞補正三史綱目富春人物志麗則遺音古樂府上皇帝書勸忠詞及維楨平鳴瓊臺洞庭雲間祈上諸集通數百卷從松江時與華亭陸居仁及僑居錢惟善相倡和兩人既歿與維楨同葬干山人目為三高士墓

王冕〔宋濂王冕傳〕王冕者諸暨人七八歲時父命牧牛隴上竊入學舍聽諸生誦書聽已輒默記暮歸忘其牛父怒撻之已而復如初母曰兒癡如此曷不聽其所為冕因去依僧寺夜潛出坐佛膝上執策映長明燈讀之琅琅達旦佛像多獰惡可怖

晃小兒恬若不見安陽韓性聞而異之錄爲弟子
學遂爲通儒性卒門人事晃如事性時晃父已卒
即迎母入越城就養久之母思還故鄉晃買白牛
駕母車自被古冠服隨車後鄉里小兒競遮道訕
笑晃亦笑著作郎李孝光欲薦之爲府史晃詈曰
吾有田可耕有書可讀肯朝夕抱案庭下倫奴使
哉晃居小樓客至僮入報命之登乃登部使者行
郡坐馬上求見拒之去去不百武晃倚樓長嘯使
者聞之慙晃屢應進士舉不中歎曰此童子羞爲

者吾可溺是哉竟棄去買舟下東吳渡大江入淮楚歷覽名山川或遇奇才俠客談古豪傑事即呼酒共飲慷慨悲吟人斥爲狂北遊燕都館秘書卿泰不華家泰不華薦以館職冕曰公誠愚人哉不十年此中狐兔遊矣尚可言仕即日將南轅會其友武林盧生死灤陽惟兩幼女一童留燕倀無所依冕知之不遠千里走灤陽取生遺骨挈二女還生家冕既歸越復大言天下將亂時海內無事或斥冕爲妄冕曰妄人非我誰當爲妄哉乃攜妻孥

隱於九里山種荳三畝粟倍之植梅千樹桃杏居其半芋一區薤韭各百本引水為池種魚千餘頭結茅廬三間自題為梅花屋嘗倣周禮著書一卷坐卧自隨秘不令人見更深人寂輒挑燈朗諷既而撫卷曰吾未即死持此以遇明主伊吕事業不難致也當風日佳時操觚賦詩千百言不休皆鵬騫海怒讀者毛髮為聳人至不為賓主禮清談竟日不倦食至輒食都不必辭謝善畫梅不減楊補之求者肩背相望以繒幅短長為得米之差人譏

之晃曰吾藉之以養口體豈為人作畫師耶未幾汝潁兵起一如晃言皇帝取婺州將攻趙物色得晃萬歷紹興府志太祖取婺州遣胡大海攻紹興也兵九里居人徬徨奔避晃獨不動兵執之則曰我能為若師出奇計乃與俱見大海告以攻城之策太祖聞其人名與語頗合寘幕府授諮議參軍一夕病卒樵書云明兵攻城舁至軍前直言而死晃狀貌魁偉美鬚髯磊落有大志不得少試以死君子惜之

史官曰予受學城南時晃孟宷言越有狂生當天大雪赤足上潛嶽峯四顧大呼曰遍天地間皆白

玉合成使人心膽澄澈便欲仙去及入城見戴太帽如蓰穿曳地袍翩翩行兩袂軒擧譁笑溢市中予甚疑其人訪識者問之即冕也冕真怪民哉馬不覂駕不足以見其奇才冕亦類是夫

謹按王冕萬歷紹興府志列儒林浙江通志載續高士傳列隐逸續宏簡錄元史列文翰明史列文苑今錄宗濂傳仍擬列儒林據萬歷紹興府志冕字元章據續高士傳冕字元肅據續宏簡錄元史字元章號煮石山農

陳洙〈隆慶駱志〉字文淵博學多才詞翰兼美白方伯圭陳觀察璇交章論薦稱以學貫天人才堪經

濟銓曹忌之不果用定襄伯郭登南征辟置幕府官至後府録事著有湖海摘奇等集

陳大倫〈續宏簡録元史〉字彥理始學於從兄洙後事吳萊絶意仕進元季避兵流子里作晚香亭日與賓客暢飲高歌舉座絶倒嘗語人曰吾平生無他嗜惟攻文成僻孳孳矻矻垂四十年昔之人如此者何限今安在哉每搔首自傷識者亦共傷之所著有春秋手鏡尚雅集〈浙江通志〉大倫初學易既而更春秋敷繹義例揮毫輒雲烟滿紙屢試場

屋不能中繩尺於是棄絶益攻古文詞浦陽吴萊以輿學雄文名當代大倫從之講學下及秦漢以來諸文章大家章有法句有旨青燈夜懸達旦不寐學大進或酒酣捉筆咏詩脱帽高歌擊几案爲節或支筇行古石細路游目思視意若與之相忘髮已斑白手不釋卷天文地理老釋之書莫不攬其英華尤善寫竹樹蕭蕭有蒼勁意

陳潛　萬歷紹興府志

嘗著詩經論辨朱子傳疑舊志潛性嗜學不慕榮利學成受徒從遊甚衆每語

學者以立志貴堅窮理貴實

明

黄鄰〈萬歷紹興府志〉字元輔性簡默工文詞居鄉持重洪武初徵爲翰林院典籍遷監察御史以老出知杞縣道民興學政事茂雅尋告歸鄉嘗編次縣志後人多本之云

郭斯垕〈隆慶駱志〉字伯載父鋭學識清遠著有闢地理説非星術論斯垕篤行好學雅意經史洪武中以名行補政和縣典史綽有政聲嘗作性論其

略曰大哉性乎非真知實得者孰能盡之漁父沒於九淵獲覩驪龍之珠及其出而欲語諸人終非寸舌百譬所能似也須真得其珠入於掌中斯為實見矣其論貴實得類如此所著有星溪集及政和縣志

駱象賢〈萬曆紹興府志〉字則民篤行好學於書無所不窺為文直述情事不求華縟嘗斟酌六禮之要表率鄉俗鄉人化之為園於楓溪之上圖書滿屋玩讀不輟人稱溪園先生歲飢出粟千石以賑

賜勑旌異仍復其家所著有羊棗集篤終易覽溪園逸稿歸全集等書

鄭欽子天鵬〈萬歷紹興府志〉字敬之成化中舉人知灃州州多洞苗欽振威綏德民爰交安九載不遷遂乞歸繼母王氏患瘋疾晨昏省視無怠及居喪哀戚尤至年八十六卒所著有思軒集子天鵬正德中舉人知弋陽文行足世其父而書法尤精為時所珍手書告示往往為有識者竊去及歸老手卷不釋客至清談竟日瓶無粒米不問也年八

十餘尚能於燈下書蠅頭細字所著有秉燭正譌閩遊倡和北行野操南滇存稿諸集

駱驥（萬一樓外集）字汝良號樧山以禮記中嘉靖辛卯科鄉試壬辰科進士辦事刑部卒年三十有七幼年讀書止四五行及長博通羣籍無不成誦為儒學生名重一時及辦事刑部應詔言時事大略謂致中和則天地位萬物育災異所以頻仍皆緣中和未致中且指及大學士張孚敬時論壯之而未究其用莫不嘆息大學士張孚敬向不識驥入朝私問孰為駱某人指

示之爲之悚然且曰吾目中素空無人及覩駱子心動今果爲所中矣先是從祖瓏歷官二十年未之識面及旋里一見器之謂驥父鳳岐曰諸嗣英英而邁種亢宗者四子驥也及廷對侃侃氷立鳳岐居家嘆曰吾兒向固循循書生今乃强項如此哉蘊良公之言信矣蘊良瓏字也語見駱氏譜傳亦纘亭先生撰

謹按纘亭先生墨守程朱其論理學往往與王文成公異趨故不之及非畧也據毛西河集王文成傳本云門人無成册不能盡記其可記者尚有駱驥諸暨進士是驥固陽明弟子今以列入儒林豈復有異議哉

酈琥〔補遺〕字仲玉號元厓姚江緒山先生錢德洪高弟子也以貢生任績溪簿其軒曰高士同邑駱

問禮爲之記曰元厓子初與予同事緒山錢先生時予方弱冠學爲文詞而元厓子彬彬學已有成與先生獨相得自後元厓子學益進不惟師友相推重即自許亦以爲得王文成正傳而予日淪落且迂僻酷嗜宋朱文公而於文成之道謝不欲聞然元厓子不以是棄予也每相遇必談論終日即未盡合意相許可自後予落魄風塵而元厓子亦小就爲績溪簿中丞周潭汪公爲題其軒曰高士意以文公爲同安簿曾以是名其軒而元厓亦爲

是官援以贈之予聞入山者不探珠蹈海者不采玉王文成詆疵文公不遺餘力元厓子既入文成户庭寧肯以文公爲堂奥而中丞舉以畜之而元厓子亦欣欣不以爲怪何耶夫高士者賢人隱遯之名非君子履道之極也君子之道平常而已率其平常雖德如孔子業如周公不以高名後世所謂高士皆商山富春之流然商山富春諸人能高於周孔耶顧世方役役而彼獨危步遠引其與庸亦遠矣凡言高者對卑而言也朱子身體力行莫

非聖賢之實而頋以此自名意有所在元厓子自負其生平不在人後而卑卑一簿恬然居之豈役役者比有志者必先去其役役使足比跡於古之高士始可以共學而其所當適從終有所在此也丞推挽之意而元厓子黙飲其醇居之而不怪者也予官留都元厓子以職事至留都事簡諸公多論學者聞元厓子至皆以爲奇遇頋予固不入其說人多啜啜而元厓子不以病予夫道無兩是入者主則出者奴予自愧不免而元厓子獨異於是

此亦其高之一端云記語意欲以規煞雖徑途稍別要以師門宗旨各有所承不得以彼一廢此一也琥在績溪著有和蘇集亦駱問禮爲之序大畧言蘇文定爲績溪時其詩句不讓大歷諸公而元厓所次更出新意良有不覺其喜談而樂道之者其後山陰徐渭復爲之序曰今之和人之詩者非欲以凌而壓之則且求跂而及之未必凌且壓跂且及也而勝心一起所得者少而所失者多矣古之和詩其多莫如蘇文忠公在惠州時和淵明之

作今味其詞皆泛泛乎若鷗悠悠乎若萍之適相遭蓋不求以勝人而求以自適其趣而不知者誤較其工拙是猶兩人本揖讓未有爭也而眩者曰彼拳勝此肘負不亦可笑矣乎鄺君之簿績也取蘇文定公之詩而和之多至百四十餘首其數幾及文忠公之於淵明其嬉遊傲睨而不屑於工拙亦猶文忠公之於淵明也蓋君之所負者大不得其大而試於小此所以不免於嗚嗚而負屑屑於工拙則適以成其小矣而豈君之意哉校君詩者

不識解此否有不解君當自解之也今和蘇詩不傳存其序詩可知矣琥真理學中一高士矣哉子希范字范叔工詩自有集亦駱問禮爲之序駱與徐俱以詩贈酈並載藝文志

蔣一鵬〈紹興府志〉字漢冲弱冠遊南雍大司成馮夢禎異之名遂著著有文萃堂集言河漕兵農禮樂鼂詳性孝友祖父兄同時即世終身哀毀每言及輒涕泗交流弟侄俱幼恩勤備至而訓誡必嚴孫遠康熙壬戌進士

蔣公允〔紹興府志〕字士祿邑廩生好讀書終日靜坐洞究理學臨没語門人云息心達本原吾生平得力在此

酈洙 孫光祖

〔紹興府志〕洙字白巖博古敦行萬歷初講學於稽山書院一時佳士皆從之遊著有家教輯畧紫陽家禮得其發明為多山陰徐渭志其墓孫光祖字均儀弱冠有文名副於浙榜著再授吴江丞轉知郃武縣廉聲藉甚嘗著範世全編定性論四書木舌禹貢注等書吏治文章為世所重

太史陳仁錫撰其行畧邑令朱之翰題其居

朱長庚〈紹興府志〉字與白萬歷己酉舉於鄉初任遂安學博士人立祠祀之授桃源令調含山令撫軍蘇某薦之曰愛民切如保嬰鋤强鋭於拔薤以耿介忤當道罷歸隱居巢勾山之嘯客堂蔵書甚富類多手評著有善生善死善意録

國朝

楊學泗〈浙江通志〉字魯嶧庠生幼韻悟讀書輙能自觧年十四喪父哀毁骨立三年如初喪母病以

鍼刺血書詞告天果愈里人稱曰楊孝子康熙甲寅山寇盤踞紫閬學泗糾集鄉勇探其出没適制府以勦賊至暨密陳方畧領兵報捷制府欲於疏内議叙學泗以母老辭酬以金帛亦不受制府動容起敬〔紹興府志〕學泗所學以存誠主敬為本著有道學宗譜義經講義性理約言朱子學的註省身録諸書崇祀郡邑兩學鄉賢

余懋棟〔公舉事實〕字舟尹號蘿村毓湘子侍御縉孫也食餼邑庠雍正己酉以選拔中式庚戌成進

士除杭州府學教授任十九年致仕自懋棟任教學中取解首者四鼎甲者三其他冠春秋榜者未易更僕然立教必自羞乞墦賤龍斷始謂昌黎符讀書城南一詩未闋至極以猶未免於富貴利達之見也懋棟經學導竹垞而理學斷以平湖陸子爲宗同郡魯庶常曾煜主敷文講席每與商確古註疏及宋元諸書經解一許一支足稱堅對督學寧化雷公臨浙招懋棟與論朱陸以鏡喻心之說旁及高劉鹿孫諸前輩有醇疵處漏下三鼓乃出

雷公嘆曰余學博可謂明辨晳也造士先立品而後文藝務以聖賢實學相期其為人溫和純粹論者為比德於玉爲所著有揖山樓集蘿村詩稿制義正續稿闇中偶憶

論曰仲尼没而微言絶七十子喪而大義乖及周之季道術紛紛矣太史公曰儒者博而寡要勞而少功儒術之踈自昔而然可勝慨與夫古之學者博學乎六藝之文先聖所以明天道正人倫致至治之成法也自班史始立儒林傳而易書詩禮春

秋各有專家歷代因之不改是儒林者大抵皆深於經術者也至宋史則深於經術者如聶崇義石介孫復胡瑗輩旣以之列爲儒林及周程朱子出不得復與並列也故别立道學傳以尊之抑豈儒外有道哉明儒如河東薛瑄餘干胡居仁諸君子其學直接程朱而明史則仍以儒林列之是儒林者又即其深於理學者也今志錄諸儒之尤者如宋之姚令威王順伯元之楊鐵厓王元章明之溪園思軒櫧山元厓諸人

國朝之存園蘿村二公或深於經或深於理或以經學而兼理或以理學而兼經考其終始要其會歸莫不異苔同岑後先濟美其揆一也夫轍視其所引纏視其所染衆好同趨則鄒纓齊紫且以易俗況邑多君子人懷善良其取則蓋甚便也生其後者可以興矣沈椿齡

諸暨縣志卷二十六

文苑 人物六

蒼頡始書周文稱郁於粲其英牙籤縹牘青條森森芳蕤馥馥仰觀古人予膺所服列文苑傳第六

宋

黄育 補遺 比部宋卿子也原名渥字潤甫後更名育分寧黄庭堅字曰茂達而爲之説 説載藝文志 熙寧閒以比部廕謁選與庭堅爲偶行時亦以文潞公薦改著作佐郎相持汴岸置酒贈詩聲名甚著終

廣西提刑多平反嶺外至今尸祝之

劉仲懷（竹派）山陰人元祐間徙居諸暨善畫墨竹筆法師文湖州

元

申屠性（舊志）字彦德少為本州吏敏茂積學黄文獻公溍判州事見而奇之授以為學之要性益奮厲至正甲申與同里王賀並舉副榜因改榜其所居之坊曰聯桂歷歙貴溪撥諭月泉山長著有春秋大義子溶潵浦江戴良有申屠先生墓誌銘又送屠彦德七首俱載藝文志子潵

傳隱逸

錢恒【隆慶駱志】字九成號退菴氣岸清高淹貫經史論辨古今人物治忽人不能更一詞詩格遒麗所著有灌園集

孟性善【萬歷紹興府志】載五世孫當元末博洽有大志熟諳孫吳所著有雅齋集

楊維翰【兩浙名賢錄】字子固畫爲柯九思所推紫桃軒雜綴楊維禎之兄善寫竹石墨蘭妙絶一時【萬歷紹興府志】維翰歷饒州雙溪書院山長所著

有光嶽集稺濟錄藝苑畧

申屠震（隆慶駱志申屠澂傳）澂居花亭時龍泉鄉有申屠震工詩詞婉義正爲邑人所重（紹興府志）申屠震稽山書院山長

黃源（隆慶駱志）字子達號松壑順帝至元中遊京師以書法精妙試奎章閣典書轉典籤遂歿

王季楚（宋濂王季楚哀辭）王仲淮季楚其父艮嘗檢校浙江行中書政成謁選京師時季楚年方二十餘請從行既至有多季楚才者薦其名遼東行

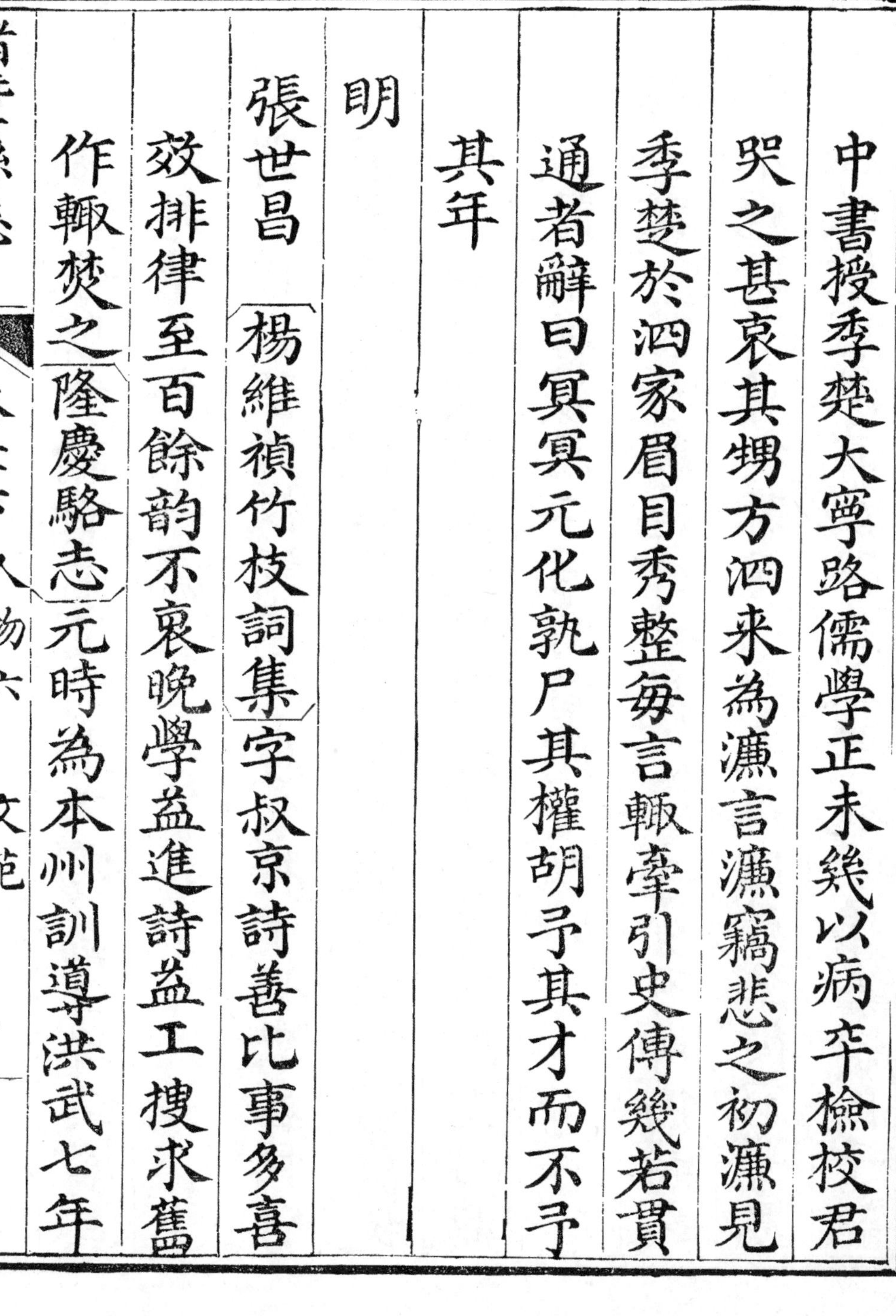

中書授季楚大寧路儒學正未幾以病卒檢校君哭之甚哀其甥方泗来為瀌言瀌竊悲之初瀌見季楚於泗家眉目秀整每言輙牽引史傳幾若貫通者辭曰冥冥元化孰尸其權胡予其才而不予其年

明

張世昌〔楊維禎竹枝詞集〕字叔京詩善比事多喜效排律至百餘韵不衰晚學益進詩益工搜求舊作輙焚之〔隆慶駱志〕元時為本州訓導洪武七年

復任本縣教諭善著述詩尤工雱霈汪洋莫窺其際見重於金華宋濂

鄭賀〔楊維禎竹枝詞集〕字慶父於十七史名臣皆能默識其朝代世家爵里及其後人之賢否覆視無一差者文有橫溪史鈔若干條詩有詠史自鼎湖訖清風嶺凡二百餘首傳於人

陳嘉謨〔隆慶駱志〕字文徽志寧子少有師傳詩文清麗北遊燕都翰苑交譽奏補國子生從容學易風致灑然洪武初辟為本學教諭弟嘉績從子韶

陳嘉績〔隆慶駱志〕字思繹受知虞文靖公得其指授爲文有師法詩學陶淵明舂容簡古時外舅王艮宦顯嘉績不于仕進閉户窮理學世故淡如也

陳韶〔隆慶駱志〕字伯善洪武初任山陰縣學訓導爲詩古體平淡直逼鮑謝而唐律尤精同邑張辰稱其老成文獻爲邑人最嘗自題其像曰雖窮而無怨雖困而知學懼違乎君子之爲思進乎古人之覺罹世患之多艱味道腴而可樂夫豈俯仰而求無愧怍者與所著有茖軒集

張辰〔隆慶駱志〕字彦暉，萬和孝子後，經術文章表裏蔚茂，一時紀載皆出其手。洪武初，太守唐鐸辟為郡學訓導，奬厲諸生，晝夜不倦。卒于官。所著有草廬稿。

〔紹興府志〕明太祖時，諸儒應聘而起，在諸暨則陳嘉謨、陳韶、張辰入參史局，出樹師模，蓋彬彬盛矣。

姜漸〔舊志〕字羽儀，神姿朗徹，性冲約，嗜學，遊楊維禎之門，視漸所論次，嘆曰：「異日當為師門立赤幟也。」元末兵興，學者多荒思耗業，而漸乃修飭不怠，以包函雅量見重于時。洪武初，與同郡謝肅諸名

儒應聘纂修禮書授太常博士

駱問孝　萬一樓外集字舜傳號深山亦號玉亭弱冠充儒學生貧不得志因教授於四方然恥干謁對人未嘗言貧始客溧陽王陽史少卿家叔父驥年友也遇之甚厚餽遺無算每辭多而受少小不如意即辭而歸歸不數日迎者在門復去遇之如初性好施每抵家席未暖而所得略盡史氏多賓客問孝與雜處師友其善者而愛禮其不能故學業日進好吟詩沉着有法度泰州近山王使君為

邑大夫品之與從弟問禮齊名

駱問禮寱語序　寱語者從兄舜傳晚年雜詩也兄自題如此然而語寔非寱也君子曰似孟東野嗟夫千金之子求一言之幾於道而不可得即庭言寱也而么麽者傳其說貞孤之子兢兢于義即寱言真也而夸毗者以為暗此兄之所以自列于寱也而不佞序之亦寱也

陳于朝

苧蘿山藁行實　陳方伯性學子字叔達改字孝立號几四更曰翕溟長離了因飲氷或嘲之曰子何數化之無常耶倐而鵬倐而鳳倐了因而遐登倐飲氷而受命凢數易而猶然故我實之不賔名為用之荅曰論吾本来名字不立即呼我為

朝而非我也穴風川月總出一機禽魚砂礫具有佛性不啻爲鵬爲鳳爲苾芻之侶爲受命之使即呼我爲牛馬爲蟲臂爲鼠肝爲塵埃矢溺而未始非我也弱冠究心宗旨乃勉就舉子業精悍之思每主先秦而奴六朝抉班馬之精而溢之楮端讀罷或鳴琴擊劍品竹吹笙以自娛後亦棄去不復作丱時即交知名士與山陰徐文長渭爲忘年交不啻盛孝章之於孔北海臨池之業則得于文長者爲多以故筆端斐亹奇幻雜之文長楮墨間幾

令人不知孰為孫叔敖也四明緯真屠隆稱以文中麟鳳道中貔貅雲閤眉公陳繼儒贈之以詩其聯云一簾紅雨留春燕五色丹鉛校異書生平好作古文辭有苧蘿山藁自為序如漂母祠誰把千金摔釣竿王孫一飯飽登壇漢王推食原非易何似重瞳早暱難伍公廟劍底濤聲震江干魄欲昇君王如湎䩄廟貌隅吳城長安道中重繭赴長安尚是山人氣帝里既非遥山人壯山意朝逢宮長来暮見璫貂騎荷杖聽民謠出作入游戲帝力那可忘時時道中記送父早朝宮怨遥聽鶯聲達建章止拖春韻入昭陽鑾輿蹤徧千門柳愁殺行旌過緑牕諸首八歲以前所詠子亢侯章侯章侯自有傳載隱逸

謹按苧蘿山藁序之者蕭山来道之斯行然王季重集中有苧蘿山藁序為本集所不載今為載入藝文志

張夜光【公舉事實】字元珠號炎沚又號無夜崇禎癸酉登順天鄉薦授南直隸鳳陽府推官少學於樓苹陽兼師苹陽兄黃谷（見張炎沚文稿自序）立文或頃刻就或月計歲計不肯輕下一筆主司葛徵奇為之序曰語不自欺性有獨存所著有點花堂集北遊草苧蘿志

陳克建【章志】字明臺好學篤行手注五經博覽左

國史漢知縣陳允堅提學蘇濬皆首拔之以明經授華亭訓導時諸生如徐孝廉孚遠陳給諫子龍李中翰雯宋中丞徵輿皆出門下陞羅源教諭尋病卒子光璣字咸玉選貢不仕

楊肇祿〔公舉事實〕字遒百邑諸生少與從兄安慶知府肇泰齊名雲間陳卧子以節推署邑篆爲虛左待之范文白陶山課藝選錄爲多晚年受徒爲經師著有易解參義

國朝

酈祖仁〔公舉事實〕字蒼舒號九乘康熙庚午舉于鄉甲戌以麟經魁會榜授應山令未幾卒官其為文洋洋數千言氣盛而高下皆宜詩不假雕琢自饒丰韻卒後十餘年同年友汪公漋督學兩浙為刻其詩文名九乘遺稿

邊信〔公舉事實〕字聖林由邑庠食餼考選明經生平著述悉本經史邑中名士多出其門詩法尤精嘗有青春烏哺情懃缺白首嬰啼血未乾之句

許爾秀〔公舉事實〕字卓人由邑廩生扳貢力敦古

行篤志好學諸子百氏罔不通曉而精研孔孟奧旨學者得其片言咸成佳士所著有同山稿子芳椿郡庠生亦能文

趙式公舉事實字去非邑諸生其爲人豪而約疎狂而真善屬文工詩尤工詩餘所著有蛩窻文集別腸詞選

魏旻弟湘公舉事實字仲長別字廬南家貧苦志力學其友駱炎訪之見木榻蕭然無臥具怪之旻曰吾藉寒凍以鍊文心耳當風嘷雨歗漏盡鐘鳴

㬅輒嗚嗚以哭哭已復讀如是者數年文日進太倉王公首拔爲邑上舍生曲阜顔學山先生督學兩浙尤加激賞時駱賢名與之埒號越中二儁皆不售嘗舉羅昭諫我未成名卿未嫁可憐俱是不如人之句相諧謔聞者悲之及歿且無子論者爲擬之唐方干當賜以孤魂及第所著有五經疑問四子書發微廬南文稿弟湘字季芳自號紅蘭老人善畫工花鳥草蟲間仿陳老蓮出之真贋莫辨

駱炎（象山縣志）諸暨貢生雍正六年任品行高潔

工文（公舉事實）字則宣號楓山以廩貢選授象山訓道廿行文刊落羣言力追先正然不拘格律如春蠶作繭觸物便成故所投輙合歷試第一刻有歷試草行世壬午秋賦邑侯朱宸同考薦之以元既中後場被外簾斥乙酉秋賦邑侯趙倓同考復以元薦既中後場復被外簾斥如是者三炎與魏㚟善名亦嶄驟先後寄館於山陰朱翰編阜家尊禮尤至海昌陳相國元龍聞炎名延爲弟子師設座坐炎南嚮諸弟子分列東西相國北嚮坐請講春

秋春王正月炎爲備陳諸說而裒於一是相國肅然起敬及秉鐸象山致仕崔邑侯龍雲舉鄉飲酒禮炎爲大賓

壽致潤（公舉事實）字雨六號南湖生而天分異人康熙癸酉舉解元丙戌成進士入翰林院爲庶吉士授檢討鄉試舉考官爲山東顏光敩尤推文章知已嘗曰他人見得達不得惟致潤達得在翰苑應接甚繁致潤五官並運酬答如飛

毛鈺（公舉事實）字孟涵號式湄壬午膺鄉薦丙戌

捷南宫出宰蒲江三年卒官鈺久於諸生湛深經術尠言語麈揮所及一座皆傾所著有銅官雜咏四書文稿大中魯論講義行世

余懋杞弟懋柟子銓〔公舉事實〕字建偉號玉京毓湘子侍御縉孫也未冠食餼康熙乙酉登浙榜副車戊子順天鄉試中式授内閣撰文中書舍人未官而卒以子文儀貴贈如其官懋杞性孝友父善病懋杞搔摩痛癢寢則屏息躡足侍立其旁至夜分不敢退與兩弟式好無間言其家風也讀書爲

文章若金錫之在冶既經鎔鑄一歸瑩粹詩宗少
陵晉與諸名流結詩巢於鑑曲春秋佳日觴咏其
中所著有東武山房詩文合集藕香草堂詩集石
唫錄刻舟集行於世弟懋楠懋棣楠字鄧林號東
原惇樸有行亦工詩著有玩花草堂集懋棣自有
傳子銓字明臺號石颿雍正壬子中本布政司鄉
試出無錫華希閔之房華故名士有特鑒是科暨
邑中式者二其一爲樓西甸卜岐時稱雙壁銓性
好古文奇字喜吟咏會稽徐廷槐晉評其詩文曰

石颿古文初喜孫樵劉蛻卒追兩漢逡巡於韓歐之間詩凡三變少學溫李中年宗王孟後出入於香山眉山不名一家所著有石颿慚餘石颿悔存石颿詩草文核等集

壽奕磐兄奕文

〔公舉事實〕字景安號佳峯生而資分異人行文如韓潮蘇海為督學山左顏公光斆所賞嘗取奕磐文刻之試牘中吳禮部士玉箧中集亦多載奕磐文自是名益著康熙戊子以廪生舉於鄉壬辰成進士入子史菁華館會吳禮部督

學直隸延為總裁品題高下悉當後謁選得湖廣光化令甫抵任以疾卒初奕磐夢一神語之曰汝王介甫後身也汝名暗藏石字汝字明露安字此其驗矣奕磐心惡之及疾篤嘆曰介甫不作相第以文名世亦復何惡兄奕文字景潤號桐坡著有桐坡制義與弟奕磐競爽奕文敦行尤篤顧不能詩又貌寢及謁選典銓政者嫌其通侻因改教卒於金華學諭

蔣宣奇【公舉事實】字永公晚號敬齋為文獨闢新

徑不襲常言學使周公清源以異才目之辛卯舉孝廉連上春官不售益肆志於古名場宦海視之泊如也少與中表余懋杞相切劘山陰宗俊稱淹博頎獨服奇學識多採其論載入柳亭詩話所著有敬齋文稿百梅草堂詩集文集

周晉　公舉事實字椄三號超然力學嗜古舉丙午鄉薦座師陳萬策稱對策第一同榜中錢曰布筆訬天下名甚噪而晉以腹笥匹之人為品錢以賈君房而品周為邉孝先云晉頗究心理學邑令張

長庠贈詩有濂溪家學深講貫得正脉之句所著有國風論周禮論續四勿箴朱陸異同辨四書體行集

錢曰布〈公舉事實〉字載錫號玉缸年十四以第一人入邑庠丙午中浙省鄉試有十薹草堂時文稿行世會稽魯曾煜序之曰布帛菽粟隋珠和璧山陰徐廷槐序之曰三變元雲九成絳雪還淳方蔡如序之曰洗硯湘江削筆衡山其推重如此曰布敦厚周慎如龍伯高之為人能使後進有所矜式

同學解經有紛紛聚訟者得曰布一言無不折服孫司馬巡撫安徽那尚書總督浙閩先後以禮聘之使子弟受業爲議論有裨於時事者兩公採之入奏輒報可代集不存所著有大中條貫知非集詩古文十卷

傳學流 〔公舉事實〕字太沖號莫菴一號拙瓠乙卯副車第一癸酉舉解元積學好古五經無雙尤喜以詩鳴所著有莫菴詩近族王露爲之序曰拙瓠

之詩以王孟高岑為宗而出入于二杜二李艷不傷靡健不流僻其於此事也深矣於載籍多所發明既乃條舉心得分經史雜類四種各三卷曰游衍錄如論十亂中婦人非邑姜錄云十亂中婦人朱子疑為邑姜本朝國母夫子決無漫呼婦人之理且此十人大致如漢之雲臺唐之凌烟舉其勳業最高者言之齒及壹德無乃不倫竊謂婦人大姬也史稱大姬好祀用史巫從嬀滿會王師于豊水以伐紂至今鄠縣七里有胡公泉即大姬治師處國語肅慎氏之貢矢以分大姬姬既有功開國自應與周召畢散連類而及韓昌黎據衛氏古文以婦人為殷人謂為膠鬲說亦未的蔬食菜羹瓜解作瓜錄云月令記王瓜大戴禮記乃瓜剝瓜蘆諶祭法稱身祀秋祀皆用瓜瓜乃諸菜之首古

人特重之論語雖蔬食菜羹瓜言由蔬食菜羹之輕以及瓜之重聖人祭無不敬也

三宿出晝宜作晝 錄云宋高郵黃彥和曰孟子三宿而出晝乃晝字之訛按史記田單傳後載燕入齊聞晝邑人王蠋賢劉熙註曰齊西南近邑音晝今讀為晝夜之晝

迹息詩亡不必作雅亡 錄云王者之迹息而詩亡王魯竺曰天子五年一巡狩命太史陳詩以觀民風自昭王膠楚澤之舟穆王迴徐方之駕巡狩迹絕豈復有陳詩事如此解詩亡自直截不必云詩不亡而雅亡也

論詩如蘐草桑梓 錄云毛詩焉得蘐草言樹之背注蘐草令人忘憂背北堂也詩意蓋謂思君子之切安得忘憂之草種於幽陰之地以消時日乎初非言母也維桑與梓必恭敬止詩意蓋謂桑梓人賴其用猶不敢殘毀寓恭敬之意況父子相與非直桑梓而已非以桑梓為鄉里也

禮如鄉飲 錄云鄉飲酒禮無筭爵無筭樂注數也爵行無數醉而止

也燕樂亦無筭盡歡而止也按鄉飲酒國家以隆禮敬老尊賢如今人賜宴於朝侍宴於王公貴人從無盡醉極歡之事豈古人反出今人下也此筭字疑亦誤解

春秋如觀社籍稻

録云莊公二十三年夏公如齊觀社左氏但引曹劌之言以為非禮不詳其事公羊則直云觀齊女按墨子燕之祖齊之社稷宋之桑林楚之雲夢男女之所聚會而觀也不讀墨子幾不知齊女何屬又云李百藥父與友人共讀徐陵文有刈琅邪之稻語嘆不得其事百藥進曰春秋鄅子籍稻杜預謂在琅邪客大驚號為奇童按昭公十八年經書邾人入鄅注云鄅國今琅邪開陽縣又按昭公十八年鄅人籍稻注云其君自行籍稻籍當呼為典籍之籍蓋履行之而記其數也孝穆誤籍為刈百藥知其成處猶未及正其訛謬也

論多創獲類如此

黄國鳳（公舉事實）字久道號竹梧歲貢生肆業省

會敷文書院中蝶園徐公可亭朱公皆器重之文以理勝有醇無疵行修於家亦如其文士林咸奉為指南所著有語孟問辨四書融註經書字義竹梧外編歷試草

文苑有傳自後漢書始然遷固並為司馬相如立傳固又為賈鄒枚路諸傳皆取其能文則亦其權輿矣夫文以載道大之憲章典誥小之申抒性靈憤激委約之中飛文魏闕之下要有經緯乾坤彌綸中外之力爲聖門四科始乎德行終以文學子

以四教首即曰文又曰文不在兹言之不文行之不遠文綦重矣後世文人類不護細行鮮能以名節自立致令天下共惜之此亦自貽伊戚耳苟能以功業宣行光明於時行有恒而言有物豈不益可貴哉今志文苑與儒林相表裏傳儒林以行而文在其中傳文苑以文而行不立亦不得與焉然則欲圖不朽之業者其亦於立身行已閒加之意哉　沈椿齡識

諸暨縣志卷二十七

孝友人物七

孝始人倫輿剽在室弟則徐行少隨長率伊誰梏之慘若有失爾繹爾思涕零汗栗列孝友傳第七

南北朝

賈恩南史孝義傳少有志行元嘉三年母亡居喪過禮未葬爲隣火所逼恩及妻栢氏號哭奔救隣近赴助棺櫬得免恩及栢俱燒死有司奏改其里爲孝義里蠲租布三世追贈恩天水郡顯親左尉

唐

張萬和〔唐書孝友傳序〕唐以孝悌名通朝廷者諸暨張萬和〔嘉泰會稽志〕萬和力學明經遭父母喪兄弟廬於墓側弟萬程二十餘年有芝草生甘泉出〔兩浙名賢録〕萬和子孝祥亦廬墓二十餘年事聞詔旌其門名其里曰孝感

宋

黄嘉禮〔隆慶駱志〕字仲文舉紹興中進士累官朝散大夫性孝目疾不能視以母老禱於神目乃復

明母卒明復失

楊文脩 楊維禎楊佛子傳 佛子名文脩字中理生而性淳固篤孝鍾於至情年六歲視母食多寡爲飢飽母病艱食輒不食得果必遺母俟母啖之心始已年十五以母多病遂棄舉子業舉岐黄氏書父譴之從容啓曰我母多病恐能一日去母從師借舉業有利不足自貫即便母侍雖服農終養吾志周滿母病革藥罔功即齋禱密室刃股肉和饘粥以進母食即起佛子頦下生瘤大如覆琖一日

繇市歸中途值一操瓢者纖癩不可近時暴雨至瓢者就佛子雨蓋既與俱無難也行一里餘瓢者用左手搯佛子瘤右手拊背曰患可醫汝何報佛子笑曰勿欺我瓢者曰吃我一醉三日後當過君治癭先口授折骨方佛子未心信别去數步顧瞻其人邈不知所之矣佛子歸語家人痛悔不得治癭方明旦視頷下癭忽不見家人驚恠捫其背則癭還在背矣人始悟佛子遇異人母殁佛子躬捧土成墳種木築廬墳左介廬上恒有羣烏數十隨

佛子起止佛子純孝異遇縣以狀白府府將表樹其宅里佛子走府曰某之事親不知有身豈知有名哉事寢益器異之童子婦入瞻其儀形咸手加額曰佛子佛子尊官鉅人入其鄉必過其廬晦菴朱公嘗以常平使者道過楓橋（楓橋乃佛子所居里至今有紫陽精舍）聞佛子善名特就見與談名理及醫學天文地理之書竟夕去晚年著醫衍二十卷編地理撥沙圖藏于家年九十有九終（載宋史孝義傳）

元

丁祥一　輟耕錄越楓橋里人丁氏母雙目失明丁至孝每朝盥漱訖即舐母之目積有年矣俄而母左目明未久右目復明憲司上其事於朝表其閭曰孝子之門至治年間也浙江通志輟耕錄止稱丁孝子今從宏治紹興府志標名又楊鐵厓古樂府有丁孝子詩載藝文志

鄭淡老詩　倒地布衣頭雪白　揷天華表夕陽紅

孔明允　萬歷紹興府志字孟達讀書尚志節操履清純元季兵興奉親居孝義山中負米為養驩如也同邑張辰謂明允當阨窮而守益固孝益純庶

幾行古之道者

樓昇　胡筠

〔隆慶駱志〕樓昇字仲高性至孝母病醫禱無效夜夢神人語以刲股乃可從之果愈時有胡筠字梅友亦刲股救母

石渠

〔隆慶駱志〕字孟權年十三父良金陷於獄渠往中之有司執法甚威以渠哀感獲釋人為作孝童傳及長議論正大為士類儀表

吳鉅

〔張辰吳孝孫傳〕吳孝孫者名鉅字仲夫嘗及侍大父母父母重闈相懽時天下新去亂徵役頗

劘吏卒臨門其勢可畏每盡悴應酬而切戒家人勿使大父母知恐傷其懽心也間或他出人有遺以一味之甘必遺饋以進會大父遘奇疾陽道閉澁不復能小遺醫者云病在陰氣絶藥不能及法當得人口舌爚而取之孝孫遽如醫言乃得汗血一勺而通衆因併口稱孝孫孝孫得名以此事見宋太史濂筠西府君墓碑同里張辰贊曰余嘗讀南史至庾黔婁嘗父糞驗其甘苦而欲知父病之差劇竊嘆其孝之至極每於經籍傳記求比則絶

無令孝孫事頗同然孝孫孫也黙妻子也子孫於祖父親親之殺似當有辨若孝孫者千百載一人耳觀風者尚其采而列之於史不忝

黄慎〔隆慶駱志〕字仲言從兄仲忠以門户事逮行慎從代爲之辨事已明仲忠病死慎爲扶櫬歸發其囊餘貲數千百緡慎悉封識之以與其子

黄珂〔隆慶駱志〕字仲章從父源殁於灤陽珂觸寒暑走五千里衰服收葬人皆義之

周元助〔浙江通志〕字良佐至正間從弟元祐被誣

將逮良佐毅然往代力辨得直鄉人義之

明

丁羡 黄彦輔 （萬歷紹興府志）字文彦兄進洪武初被誣逮者至羡度兄愞且訥必不免請代行進曰事在我汝何預爲羡紿逮者曰此吾兄也欲代吾行耳逮者以爲實固驅羡行竟死逮所同時有黄彦輔者其從兄彦實坐誣州司迫遣將行彦輔代之就械以往其事卒白鄉人皆義之而於美之死尤加惜焉

楊宗暉〔浙江通志〕洪武初父叔器為椽獻魚鱗圖違式當誅〔章志〕冊以大紅花綾為面上惡之曰吾方以儉率天下安得違式獻此命誅之宗暉赴法曹訴曰此宗暉實為之今誅父是宗暉陷之也願以身代父死法曹為上其訴許之竟受戮死時年十九族人建祠於天元塔左每歲九月三日祀之

趙紳〔明史孝義傳〕字以行父秩〔駱志〕字尚禮工詩文精篆籀永樂中為高郵州學正考滿赴京至武城縣墮水紳奮身下救河流湍悍俱不能出明日屍浮水上紳兩手抱父臂不釋宣德五年旌其門

袁徵〈萬歷紹興府志〉母陳病篤徵憂苦不食夜禱於北辰封股肉以進病遂愈時方春庭桂吐華鳩巢於室

郭琥　郭三省〈隆慶騶志〉嘉靖中旌舉孝行

陳泰階〈章志〉字星叔邑諸生父病衣不解帶者三年及歿廬墓三年母病以封股得愈延十一年及歿仍廬墓三年輯有永思拾遺四卷知縣劉光復

奬

酈民法〈章志〉字聲我父元亮赴選道卒民法年十

三夢父語曰我於某月日死即號泣別母奔赴果如夢言遂扶櫬歸後仕維陽參軍解官歸事母盡孝一遵古禮

何時化 章志 字成之刲股廬墓知縣汪康謡表其門東陽許少薇為之記所著有三族禮儀子起元起鳳起麟皆孝友有父風

何瑞麟 章志 孝子旌額

錢芳肅 章志 字穉敬號我惺父時官大叅芳肅隨父官遊蕪湖凡鋤強釐弊得其贊襄為多父歿不

離柩側三年母病不離寢側七年伯兄早世事嫂如母仲兄季弟篤於友愛人無間言壬午饑芳肅分粟授衣遍閭里子洪袞辛卯舉人孫廷範栐並丁巳舉人以洪袞任山東清平知縣贈芳肅如其官芳肅二十食餼三副於鄉所著有江上吟古文爭奇行世

傅儲（章志）字石天邑諸生幼孤事母至孝寄館於外距家十餘里雖風雨必歸省館穀所入悉以贍弟及故交與同學蔣性安有婚約性安早世撫孤

如子卒完姻事知縣張夬慕其人終不往謁督學許公甄拔優行時與考五百有奇所薦皆儲著有五經注疏遺稿家貧未梓門人日炯甲申殉節

國朝

樓墨林　樓永叔

〈浙江通志〉父越凡爲山寇所殺墨林痛父被殺持戈以鬭殺三人賊環攻殺之其弟永叔翼兄以受刃兄弟同時俱被害族人收三屍越七日顏色不變墨林兩目如注永叔尚俯墨林背墨林聘朱氏未娶聞訃自經人謂越凡死義

墨林姬孝永叔死弟朱氏姬節盡出一門〔公舉事實〕乾隆二十五年巡撫莊有恭具題樓墨林樓永叔孝子朱氏烈女奉

旨建立三坊並

賜旌表

附書後一則歲在康熙甲寅逆賊搆亂東西弄兵王師方將殲厥巨魁不及小醜而蚊蚋蟻蟲之聚因之孳牙其間秋七月土寇楊六遥附耿逆竊發于吾暨聚夥肆暴剽掠村落此墨林永叔兩孝子所由遇害也越凢名仲升世儒業王父萃陽父景夷皆以明經補博士弟子員文行卓卓為世楷模名教之樂蓋得之世澤為多墨林性至孝多力善讀書其壯烈之氣養之有素永叔體徵怯而勇於從

順如其兄里中人稱孝弟必舉此兩人在常時已然楊六聚夥以千計謀欲破縣城乘勝渡江襲杭而少其衆計先得樓氏刼之與俱衆且倍乃以説客来不應繼以賊衆来逼以勢究不可動揺怏怏而去遠數里復計曰方今始發兵而不能得志一村落非夫也遽反兵向樓氏必無遺類乃止是日天大霧三里五里人不相辨而樓氏族人謂寇已去不為備寇至越凡屋當其衝故先探得其情徑往以大義責之言未畢刃已及身口罵賊不絶竟為所殺墨林聞父變提戈以出或止之曰賊鋒甚鋭毋徒以身為殉也墨林曰為子死孝豈俟再計耶初見賊衆来不得主名不即發而賊衆亦不知為越凡子因潛覓得仇父一人殺之直前投賊欲刺六六賊衆分二前隊一孫一徐率之甚猛乃令共擊墨林墨林多力至是殊死鬭前隊稍却即奮戈刺孫中其背復回戈刺徐中其項二賊皆仆六怒益甚而氣亦稍挫乃以盾自衛墨林提戈刺六中其盾急不能拔相持良久戈折賊環聚攻之遂

見殺當墨林正急時永叔自外来遥望父若兄皆為所傷不能支踉蹌趨赴適賊刃紛集兄背即俯身翼之遂與俱殺一時父子兄弟英氣勃勃雖死之日猶生之年其舉屍狀族人及今猶有能言之者楊六方嘯聚樓氏已掠得竹簟數百注以油將比屋焚之為毁巢計及墨林永叔相繼見殺即心動手顫乃舍之去後數日墨林見夢于其家人作被髮疾趨狀曰某已得殺賊矣會且五馬裂之時楊六竟破縣城據縣堂坐閃閃若有所見賊衆有相驚以樓墨林且至者或奔或匿人人自危遇大族不敢復掠後楊六計欲襲杭駐縣北五馬嶺白晝驚悸恍見絳袍三騎阻之明日遇官軍楊六殲爲不十日而賊俱死墨林聘朱女請期蓋十月三日也七月四日遇變以訃聞朱女嘆曰得死所矣擇婿如此夫何憾其夜侍母氏寝特畧陳大義不即申明死節事旋就閨房以針線縫其衣裾周防甚固遂自經嗚呼子之愛親命也不可解於心然且為獍為鴞十常八九編兹孝行植彼綱常洵足

永永於来世哉而不寧惟是柳州南霽雲廟碑謂不惟以能死為勇李翰張巡傳表及昌黎後序並擧其遮蔽江淮以為功向微樓氏一門烈孝能挫賊之鋒而奪之魄將一邑之人之懼其凶者多矣既死猶能殺賊此與巡之厲鬼何異至朱女以未婚而殉節視死如歸又何難也夫惟有朱女之烈乃不愧墨林之孝傳曰

嘉耦曰妃其斯之謂與

酈逢新　章志字鼎生邑諸生九歲母病劇割股禱救事繼母尤篤父引昌殉難永州逢新匍匐達永哭訴憲司得允具題扶櫬歸家病孱嘔血及聞

恩贈命下即撫膺大慟曰兒事已畢死復何憾遂殞

駱起明贊　忠而死孝而死死死等耳酈生賢士赴難湘水伏闕帝里枯血胼趾病終不起嗚

呼難矣

姚光國〔章志〕年十三刲股救母父歿廬墓三年知縣張士琳牛光斗並奬之

趙璧〔章志〕字宗寶邑諸生父病醫無效刺血陳情刲股以進即愈母病復然亦愈及卒廬墓艮山一方化之凡有服齊衰者不復近聲色廬次昏夜現光璧意有故塚祝之現光倍高明日以酒奠之誌以碣光遂息有盜過其廬相戒無驚孝子虎過之聞哀哭輒馴伏墓前枯木萌芽復茂發連理枝肆

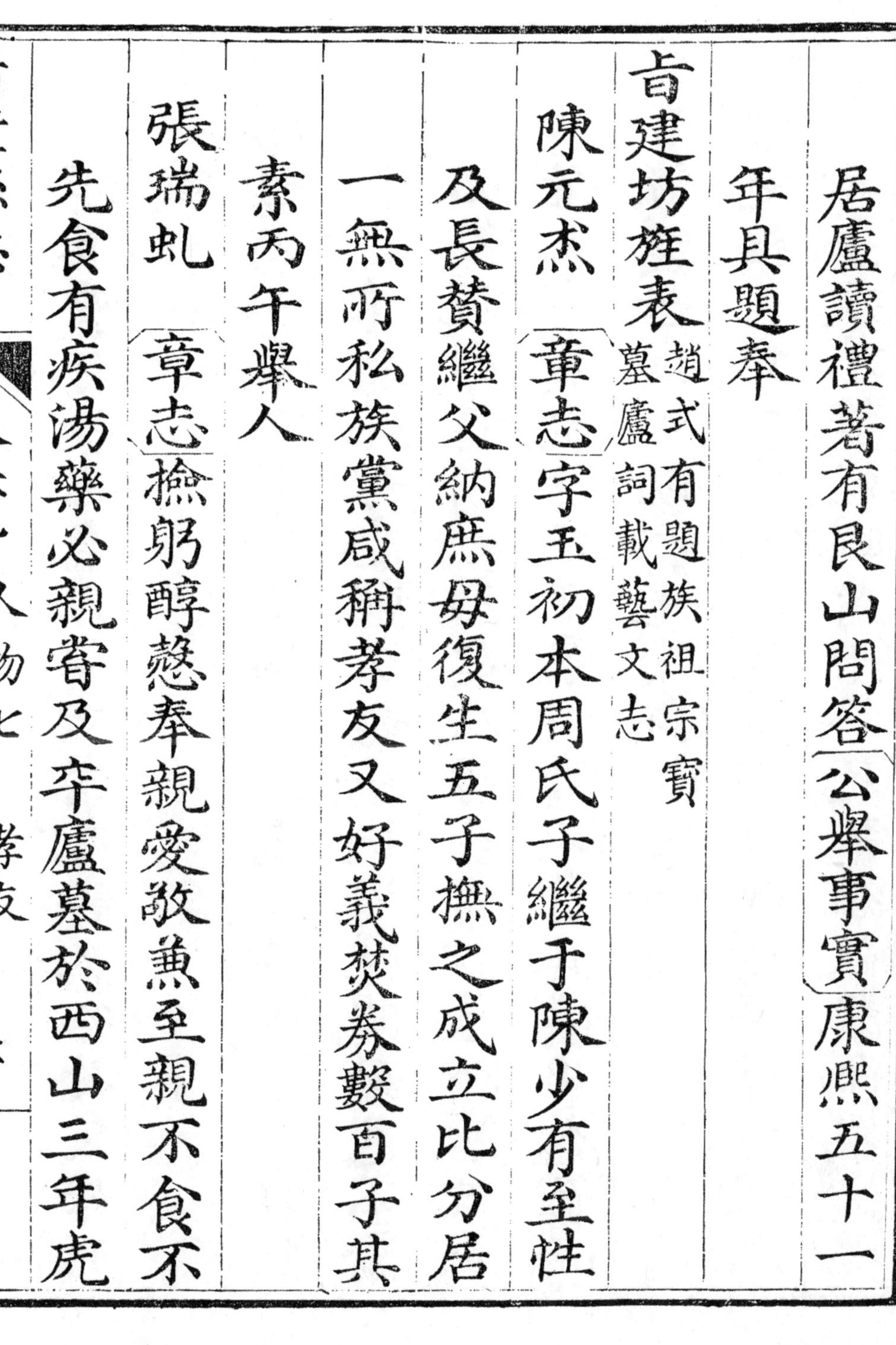

居廬讀禮著有艮山問答（公舉事實）康熙五十一年具題奉旨建坊旌表趙式有題族祖宗實墓廬詞載藝文志

陳元杰（章志）字玉初本周氏子繼于陳少有至性及長贅繼父納庶母復生五子撫之成立比分居一無所私族黨咸稱孝友又好義焚券數百子其素丙午舉人

張瑞虬（章志）撫躬醇懿奉親愛敬兼至親不食不先食有疾湯藥必親嘗及卒廬墓於西山三年虎

環其廬勿畏也自力以供粢盛餘悉給於父母所識貧乏者

趙世相（章志）字懷玉幼喪父竭力營葬不以委任於兄弟善承母志朝夕起居扶持靡間母色不愉必長跪引責得歡乃起及母卒常就墓所哀號至老不衰歲飢世相運粟以貸不責其償里人貧而鬻妻世相輒助資完聚孫光仁自有傳列義行

酈之樞（章志）字象脩父病刲股救愈事母志體兼養既歿不離柩側者十年兄振經被誣命羅織之

樞與爭當其罪知縣錢世貴義之為平反得釋甲寅之亂有弟為寇所縶之樞挺身相隨寇義之遂俱得免

袁仁（章志）父病刲股旋為寇所掠見股傷詢知其故憐而釋之當被掠念父益切恍惚有神告以無恙及歸果愈知縣牛光斗獎

鍾天覺（章志）父鳴泰北遊太學天覺始軀腹母袁奉寡姑食病力作天覺稍長即能佐母養祖母以壽終母卧病天覺織屨以供有所思得必力致乃

已以母故不得尋父居常惻然或勸之娶期以父歸乃可竟終身不娶

石璲琭（章志）年十四遭父喪哀毁成禮廬墓三年母卒年八十有八璲琭一如喪父時孺慕不衰

許嘉（章志）字士奇號羅亭邑諸生母病刲股父病以身請代先後廬墓六年製思親詩百律時兵燹踵起嘉蕟粟賑饑收埋暴骨隣火兩及其家兩反風聞神語曰父謀祖劃世依天則孝子慈孫百世不裂鄉閭指爲善行所格著有斗室銘問心集行

世子爾秀自有傳列文苑

沈應春 子廷華 章志字木生承父命遊學每望白雲輙為流涕婦章氏母病與婦章竭力調救及歿刲就苫次事之如生並以孝聞章病子廷華亦刲股以救

鍾英 章志字禹鼎邑諸生父病禱天輙愈母病瞽遭亂離背負遠避東西竄徙及歸母目復明

趙泰 公舉事實字虞尊邑諸生父昊生行著於鄉泰懍承庭訓潛心理學動静悉以古人自期嘗纂

脩宋儒五子書若干卷及没門人私謚端毅先生初泰喪母哀毁幾滅性奉柩殯於范蠡巖下伐荻刈竹結廬其間稽古喪次禮於東墻隅被以苫茨寢苫枕塊終三年始歸居父喪亦如之過其廬者咸為泣下廬内外迸出醴泉六七孔宅後長瓊芝地向有鵶鳥夜鳴泰為文禳之鵶鳥自殞趙式有題族叔虞尊墓廬詞載藝文志

趙氏壁〔浙江通志〕歲飢賣薪負米以供二親父患肺癰越險採藥及卒三年廬墓側雍正四年奉

旌

謹按趙氏璧浙江通志作趙璧悞

呂覽云執一術而百善至百邪去天下順者其惟孝乎史有之人倫之德莫大于孝是以報本反始盡性窮神孝乎惟孝不可不勖矣乃若天倫之重共氣分形兄弟翕而父母順亦善推其所爲而已唐時陳藏器著本草拾遺記人肉能治羸疾自是民間多有刲股肉以療親者朝廷旌之而昌黎韓氏非之以爲不幸且死則毁傷滅絶之罪有歸矣

頣唐書或猶有取爲謂其出于至誠有足多者暨邑舊志多載刲股事善善欲長寧敢有異議乎今則覈之以實不多列也夫委巷之子非有學術當其一意徑行率于血性豈必期合于名教而後人傳之欲歌欲泣猶仿佛如見其人不已愈于引學術以自文者是亦可以風矣沈椿齡識

諸暨縣志卷二十八

義行 人物八

父乾母坤天地共軋兄弟顛連情何能恝以義爲藩假之彌縫古先與謀十行一札列義行傳第八

宋

黄振（於越新編）字仲驤嘗建樓以望村墅未舉炊者往遺之米寒無告者遺之衣其妻劉亦斥奩橐置義莊以濟族黨鄉人德之名其樓曰望烟莊曰仁壽後振以子貴贈衛尉少卿妻仁壽夫人子孫

代顯

黄汝楫〈寶慶會稽續志〉字巨濟，振元孫，家故饒，好義。宣和中，方臘犯境，以素積金錢瘞於居室避地山間。忽賊黨執白旗來揖，且拜，黄驚懼，答拜，認其人，蓋舊僕也，云主將拘掠士女閉之空室，持金帛贖則釋之，否則盡殺。黄惻然，問所囚幾何人，曰無慮千數，曰我藏物可直二萬緡，欲舉以獻，而贖其命，可乎？歸報如其請，乃悉發所瘞輦輸，其營千人皆得歸，詣黄謝，爲之誦佛祈福，歡聲如雷。至紹興

中黄爲浦江令其子開閤閎同登乙科後二子聞

闇繼之

吴作禮〈萬歷紹興府志〉字起之開禧間有寇掠鄉

民勢甚張作禮與兄弟議爲防禦計因積薪備酒

饌賊至迎勞飲食之乃闔户焚其廬無得脱者事

聞拜保義郎

王理〈隆慶駱志〉字倫卿學行俱優人稱水南先生

與東陽許古道善臨安危古道出其裝得三百金

屬理將從家於暨比至家以疾卒其妻子初未之

知也理往哭之悉以還信義如此後以子艮累贈太原郡伯

【耆舊遺聞】理亦作鯉少孤讀書僧舍貧不自給有盜給以食不知其盜也遂與善久之盜被收鯉以是累入獄將論死會提刑御史夢有饋鯉者旁一人囑曰此鯉勿殺翌日按囚見鯉名遂雪其冤

吳和【隆慶駱志】字景安人負商逋謀他徙和為代償天旱禱社弗應和號哭告天即雨人謂和義而誠

元

陳志寧弟嵩之【兩浙名賢錄】嘗割田一千畝山五

千餘畝造屋三百餘楹為義莊義塾聚族黨之貧者養之未知學者教之以為一鄉之父師事聞旌為義門

方鎰〈於越新編〉讀書負氣自豪好修行誼嘗割田千畝山若地有差取歲入贍其族之貧者建義塾禮聘名士黄叔英項炯吴萊輩主教事造就學者一時儁彦雲集宋濂鄭深嘗來訪之

黄新〈兩浙名賢錄〉汝楫六世孫倜儻好義祖遺義莊閱久已廢新購復之以賙族人歲祲鄉人持券

物来質粟不較其値而與之所居當婺越之衝爲飲食以待困乏者年七十餘盡出所質文券約三萬餘緡悉焚之曰吾非敢以此市義也吾生無德於鄉人無庸留此以益身後之過（黃氏族譜新字桂軒行崇九有善相者曰君相應侯惜時不可爲然富可以擬不二十年置田三十六萬高閎接畛行人入里門即由宇下無沾衣塗足之患因稱其地曰廊下）

吳宗元（兩浙名賢錄）字長卿輕財重義元季兵興避地者多依之周給一無所吝教子孫無析居歿之日識不識皆嘆曰義士死矣奔哭墓下者數百

人太史宋濂誌其墓〔隆慶駱志〕宗元治家嚴恪舉古今厚倫睦族事裁爲七言古體八百餘言并宗範合爲一集以訓諸子

宣元〔萬歷紹興府志〕字子初性敦龎志修潔與剡人商舜華善舜華遊西川以銀一緘寄元家歲餘舜華客死吊於其家因以金還其子其子初無知者

洪範〔隆慶駱志〕字九疇僦屋於京挈鄉人胡某同寓疾且革館人廹之使出範固持不可及死範爲

殯之庶吉士陳璣亦範同鄉病滯京邸範躬爲調
護死亦殯之
郭日孜
徐履祥志僞吴堰三江激水灌我長瀾以
西謝再興叛知州欒鳳死胡參軍之師保豐江大
軍聲援未及民多被灌而死州貳佐不爲之所有
携貳心日孜因具書州吏諭以利害於是州吏始
日夜告急於行省參政胡大海乃發兵下暨奪其
壩反决以灌吴軍民獲全父老咸薦日孜可大任
隆慶駱志質實篇今按信若此則日孜亦可謂有
功於當時矣柰其始終本末有不可通也僞吴來

灌以我州之未降也謝再興既殺知州以全城降矣復灌之何為胡德濟李文忠以州城既失不得已始築豐江新城若州城尚在而州貳佐得以有為彼二師者何不憚煩哉且使日孜之書在謝再興未降之先耶則守城有主者不當遶之貳佐既降之後知州且死恐貳佐非我之貳佐矣凡此皆如夢中語有不可以理勢通者州城失復始末詳沿革記若日孜素行之優則鄉評自在固不係於一書之有無也闕之

謹按如徐志所載抑不惟纘亭先生所駁而已考明史太祖本紀胡大海克諸暨其時為至正十九年正月二十二年二月降人蔣英殺金華守將胡大海二十二年四月諸全守將謝再興叛附於士誠當謝再興叛附士誠胡大海死已一年又三月矣然據明史胡大海傳士誠將呂珍圍諸全大海救之珍堰水灌城大海奪堰反灌珍營則胡大海乃誠有奪壩反決事斯時謝再興未叛欒鳳未死

據欒鳳傳鳳且以死殉州而再興亦叛非本志意當呂珍圍州固宜同心協力乞救於大軍雖微日孜具書亦必日夜告急矣第州貳佐或不無携貳心者日孜為排難解紛于其間理容有之特以前後四五年間顛倒錯出而始終本末遂不可通傳當云僞吳將呂珍圍諸全堰水灌城知州欒鳳守將謝再興不能支州貳佐有携貳心日孜因具書州吏論以利害乃始日夜告急於寧越胡大海發兵下暨奪堰反灌珍勢蹙解兵州賴以全但事屬臆斷不敢據以為定也

應行簡　隆慶駱志旌表義民

樓守道　隆慶駱志旌表義民

樓成櫝　補遺太學生篤行好義萬歷中儒學傾圮捐金數千緡獨任其工造之殿堂亭廡煥然一新

邑人咸頌義舉事見章志儒學記

周國琳〔補遺〕萬歷中貞一劉公知縣事歷九載多政績後名拜御史以事涉皇儲禁繫在獄國琳爲之叩閽申救疏載經野規畧畧曰邇聞邊疆之警名諸大臣議起廢臣任用御史潘汝正疏舉繫臣劉光復充監軍之任誠以光復素嫺謀畧夙著威望業已見能於治邑暨稱難治惟光復氷蘖自持勤慎自勵種種善政難以枚舉及行取之日攀轅者十室九人祀祝者邇里一祠此其賢良固有卓出群令之表者偶聞事涉皇儲失於檢核皇上罪之宜也然猶曲加眷念仁愛溢於法外光復深自懴責期於報功今者邊壤不靖正光復捐糜自贖之秋也有治邑之長才必有安邦之奇畧能馴難治之民必能制難禦之寇今部臣交揭御史疏薦望皇上赦光復以收

天下之心琳等不揣愚蒙敢布忠悃願以身代光復羈囚倘無成績請正欺罔之罪竿首藁街所甘心焉不避斧鉞冒瀆宸聰萬歷

四十六年閏四月二十六日

傅雨〔補遺〕字奉峨少好學與從兄日炯同受業於劉蕺山門下甲申北變日炯志在殉節遽戴星扣雨家扉索酒痛飲忽長嘆曰桓山烏一何悲雨曰若豈以聶軹里有老母在乎日炯曰知我者鮑子也雨曰若母猶雨母誼何敢辭相拜別去日炯以殉節死雨為養母終其身事見山陰張岱越人三不朽圖贊載藝文志

謹按養母終身據舊浙江通志則以為傳平公據張岱越人三不朽圖贊則以為傳兩宋末冬青六陵或傳唐義士珏或傳林義士景熙張陽和疑兩義士蓋合成之余以為養母終身二公亦或分任之故並存其說互見卓行

過應祥　章志字渭南歲饑知縣錢世貴設法勸賑應祥首倡於鄉全活甚衆子信傳列文苑

楊芳　章志字平寰性清介博涉書史崇禎間任崇義縣尉轉湖廣麻城巡檢值流寇披猖屍横徧野見馬櫪間一女子垂斃詢之乃河南陳氏女王御史未娶媳也距其家二百里芳即引二騎往送之

御史以芳有退賊功疏聞陞黃州經歷孫學溥以科名顯

國朝

楊燦〔章志〕順治戊子土寇焚刼燦起團練保護鄉里康熙甲寅土寇復起寧紹道許宏勳知燦舊績委以防禦燦搗巢擊賊所至克捷事平口不言勞

樓暹〔章志〕字東明少遊邑庠慷慨慕義順治十八年隣寇入境捐募壯丁爭先扞衛寇猝至各都未及應暹奮身獨拒時寇夥環集勢孤莫支遂被害

鄉民藉暹死拒得脱全活甚衆守道王廷璧知府吳之樞奬謹按樓氏宗譜暹一名國賢

沈大儒章志字越凡創與同齋延師以教鄉里之就學者順治戊子土寇焚刼火及其廬即止寇退大儒捐資無算被刼者濟之被焚者收其骨埋之子章先孫士偉皆庠生

蔣竒芬公舉事實字羡生秉性嗜義順治初寇亂多掠民婦罄資贖歸各還其家及兵燹後年荒復發粟賑饑又悉焚新舊質券計千餘緡

樓越凢 章志越凢素性剛毅當康熈甲寅東西弄兵土寇楊六剽掠凰儀樓越凡往見賊責以大義賊怒殺之子墨林永叔自有傳列孝友

鄷球 章志字均濟甲寅土寇竊發球以千金贖人子女各完夫婦相配

石有光 章志字景虞同弟光濱皆庠生性醇謹好讀書不以貧窶為念一日行吟江皐拾遺金一槖坐待其主三日還之多置義塚死喪無依者輒收瘞其骨

王全〈章志〉字伯仁邑諸生家僅中人產而勇於爲善嘗買地置義塚於二十九都收瘞遺骸置渡船修橋梁賑飢䘏災破產勿惜年七十舉鄉飲賓王氏先世祀鄉賢者六人全見祠宇傾頽即捐資鼎修又建王氏宗祠於邑中故里費千金子安吉亦能成父志世其家

蔡廣生孫希賢〈公舉事實〉廣生字仁卿康熙二十五年學宮傾圮廣生身董其事費金千餘督造三載工成郡守李鐸爲之記載章志儒學雍正七年學宮

復壞廣生孫希賢董其事捐六百金邑令張長庠為之記乾隆十三年邑令翟天翶修學宫月臺希賢子方澍捐百六十金邑令張端木重建學宫希賢子方澍捐二百二十金學宫中歷年多興作蔡氏盖世勷其事者廣生性好施與嘗彷范氏義田創永濟院於鄉捐田百畝歲收散給宗里

楊文爕（公舉事實）字谷士儒學生初與童子試有章姓者既獲雋復被斥以文爕易之人皆為文爕喜文爕曰我可喜章顧若之何章年逾四十家有

老毋得而復失其志隳矣因白於當事者願以讓

章當事者許之給文燦義生額後三年亦售

趙光仁（浙江通志）諸暨庠生樂善好施捐以所置

田一百八十九畝入儒學備三年文武各生科舉

路費子月松等詳憲勒石并立規制十五條以垂

永久

郭元宰（題旌冊）故侯（選）州同郭元宰好義樂施捐

田一百畝撥入毓秀書院充膏火又捐田一百畝

推入儒學備文武各生科舉路費又捐田二百畝

房屋一所請設育嬰堂收養棄嬰計值四千餘金元宰善願久堅臨没手書遺囑其子仙城恪遵父命呈冊輸官另捐本族宗祠田四十畝以展孝思亦開號歸祀藩司劉純煒巡撫永德於乾隆三十三年援例具題奉

旨坊旌

附别傳一則郭元宰字聖臣一字墨齋家贍於財好施愛客有俠氣人或窮急歸之必爲之所性癖馬廐中皆良駒日馳湖莽間觀其蹴踏齧脊驕嘶臭語以爲快故良鄉樓大令績襟期豪爽亦喜畜馬元宰未雞鳴起立庭中命臧獲牽駒出然松照之親爲剪拂飽以豆芻放之高坡上風鬃霧鬣望

若龍駒乃邀樓往觀謂曰昔人有以多金買畫馬者彼終類死馬骨何如賞此為得神駿也元宰好馬亦好畫間作花鳥草虫窮極情狀同里生有丐得者懸壁間作嚶嚶聲家人趨視之乃元宰畫由是名益著蛺蝶鳳凰尤稱嵩家晚年或以意授人使先為作粉本已乃畧為煊染題識意匠傑出便能到人所不到也邑令界陶朱扆能詩被劾未得即去館元宰家六年朱既失官意恒抑欝飲酒必極醉乃罷元宰禮之無倦容朱同年楊石湖汝穀時為浦江令聞元宰義往過之元宰為作畫朱為題詩楊曰郭畫朱詩可稱雙絶留數日贈以駿馬馳去

陳爾康（蒼源剩草）字瑕常邑廪生酷好學尤酷好施明經工制義試輙命中同學者誦其文嬝娜婉轉丰姿綽約詫曰是窈窕佳人也及老不少渝性

濬於進取而好施如不及寒者衣被之餒者稍賑之隨遇隨給並不計量其殯無棺者乞請任其所取慮病貧不能藥輒廣集驗方鐫傳以佈曉之自壯至老惓惓不釋

應敉公舉事實字毓初號紫垣太學生文集子乾隆十六年歲大飢敉倡義為一邑先捐金一千五百兩奉

旨議敘授廣西布經調判西隆陞雲南廣西府通判致仕歷多惠政

袁麟徵〈公舉事實〉字杏書别號甡堂捐學田二十畝以教族人立身儉約特好捐施周貧濟乏歲費百計乾隆辛未歲飢麟徵捐賑二百金議叙入貢乙亥飢麟徵復捐百金先是庚午邑令翟天翺重建會義橋麟徵捐百五十金身董其事其後己卯邑令張端木修建學宫創立義學麟徵捐四百金使子浚董其事

楊如瑶〈公舉事實〉字西望别號百藥年二十以第一名入學越六年以一等一名補廪旋舉優行歲

淵入貢從山陰徐廷槐淳安方桑如遊深得為文之道刻有蕾山課藝行世其為學淹貫經史著有五經說三史辨疑古文宗兩漢詩宗三唐著有滋禾草堂集如瑤慷慨尚義急公如不及石瀆溪舊有鏡方橋久圮如瑤獨任捐築之費千金邑令羅守仁為之記會義橋為前明梁公子琦劉公光復所建久圮郡守杜甲聞如瑤義屬邑令翟天翱延致橋所如瑤倡捐百六十金董其事兩閱歲報成郡守杜甲為之記

義與利相對如仇殺然非彼害此則此害彼無俱生之勢無並立之理是以孟子於言利則痛絶之譬之醫者之治病必先治其受病之原而後有次第可投之劑此格心之術也孔子繫易則曰利物足以和義曰理財正辭禁民爲非曰義王荆公云理財乃所謂義也一部周禮理財居其半周公豈爲利哉暨邑之義自庶人及士大夫而止與柄國政者不同何者柄國政則在於定經制小惠未徧民弗從也同在齊民之列未有以政及民之權而

曰吾其授人以意予人以言無財不可爲悦人之稱斯義也其謂之何今志列義行必以利相衡某以某事利人如干某事捐金如干某事捐田如干凡無其利者不得起而與之爭此亦虞廷采采之旨也國家捐項至千金以上者例得賜以旌表已旌者符以例未旌者準以例其事實而有據其語信而有徵噫義行如是又多乎哉 沈椿齡識

諸暨縣志卷二十九

卓行人物九

誘然皆生未識臧否疇曩伊何屈此群醜古與爲徒俗乃禀偶猗歟猗歟死而不朽列卓行傳第九

宋

周靖李大同周博士墓誌字天錫先本南康人幼通敏好古善屬文舉宣和進士主中江簿轉柳州錄事過於守帥多掣肘靖守法不阿常預内銓已而靖康之亂乃以宗社大計闕白大臣欲投書闕

下當事者沮之靖知勢不可爲遂棄歸紹興間薦章交上遂起爲國子正錄進本監博士三舍弟子業成而仕後多知名居無何力丐罷官得諸暨意其有中州之風遂徙居之浙江通志載寓賢

陳協〔舊志〕字世勇汴之祥符人紹興中進士從南渡授提調浙東茶鹽公事署荆南湖北襄陽路制置使改左朝議郎與岳武穆善力主匡復忤秦檜左遷金華令知事不可爲棄官家暨之白鶴山武穆嘗訪之留從騎於數里外令稱岳駐及武穆遇

害協題聯於堂云泥馬瀾廻坐起相看河九曲黄龍酒熱趨班猶夢月三更協深於理學見性理目錄

岳武穆公詩欽君騎鶴上金華北望雲山是故家兵革歷身心不改一腔熱血濺黄沙

元

楊宏

楊維禎先考山陰公實錄字國器自號澹圃老民蒙推恩封承務郎紹興路山陰縣尹子維禎遊學四明鬻馬添裝以貲得黄氏日抄黄氏紀聞以歸喜曰所獲不多於馬乎責舉法行里將推上

其子維禎敎子經不明不得舉方建書樓閉置維禎研精春秋登泰定四年進士之官天台民有持官府若八鵰頗用柱後文彈治之亟持示官箴曰鳳居百鳥百鳥望而愛鶚居百鳥百鳥望而畏其服羣則一而德威不同也吾願汝為鳳不願汝為鶚也維禎轉官錢清令時方以鹺逋為急而錢清鹺户消耗且十六七又書范文正公之言以誨曰作官公罪不可无私罪不可有繇是維禎在職為民受罪斷斷以蠲逋課愬省府不從至投印去訖

獲臧引頷三千人之許者謂有三反與人言曾不能出口而笑聲聞于一里援筆敏捷累簡頃刻盡而未嘗一字作草狀姁姁仁謹人稱長者而論治獄出入以為陰德則極口非之君子以為春秋之法而意亦未嘗不仁

虞元善（隆慶駱志）字長卿淳厚簡重人稱長者隣里侵其地構佛舍元善遣家僮助之役其人慚從他所有因負逋為人妄訐他罪者就元善求援元善為償所逋而勸止之部使者重其行詛辟之不

起

翁思學〔隆慶駱志〕字景顏，雅意文詞，不樂仕進，然力本不為迂濶之行。嘗語人曰：家雖貧，四聲不可少，謂讀書、築圃、機杼、嬰兒四聲也。〔舊志〕思學路拾遺金一袱，静坐以待。未幾，一人哭奔，乃知以鬻女得之，持歸償逋，因悉以還。家居遇盗，時尚未卧，因告云：比年歲歉，少積蓄，但老母病牀，幸無驚恐，除應用外，聽取之。盗跪拜而去。

毛倫〔隆慶駱志〕字仲庠，居貧自樂，放情吟咏，善畫

墨牛及木石求者接踵勸之仕則張目不答

方㝛〔補遺〕字德載號東湖慕榮啓期林纇之徒雖至老𣲆不以戚戚少嬰其心年過九十肅賓升堂舉觶索輓歌及招魂辭見宋濂潛溪集宋濂招寃辭載藝文志

明

張英〔紹興府志〕字仁傑有儒行善畫花鳥〔宋文憲集〕仁傑末亂時嘗有禄食至今郡縣屢辟之輒辭不赴以文墨自娱甚適號其室曰新雨山房宋濂新雨

山房記載

藝文志

趙仁〈章志〉字仁原學宗濂洛有司薦辟不就以宋裔義不仕元也屬張士誠起守將内叛仁避家蕭山洪武庚戌開制科仁中鄉試明年中會試未廷試以衰老辭歸隱居朱湖之東園自號東里子卒年八十有一著有東里集賓松亭稿十景賡音燕遊稿歲寒集凡若干卷

王允升〈章志〉字晋叔清遠標奇不求聞達為士類所重教其子軫舉洪武進士授崇信縣允升寓家

問屬御史臺管勾宇文桂遺之未達而宇文被收

上録其裝得書百餘多不法獨允升惓惓教其子以忠君愛民勤官好學累數百言下詔褒美賜百

金擢輸刑部員外郎

謹按輸舉洪武進士未有考

錢存源〔舊志〕字遠甫明經教授鄉里洪武間與兄淵明同日被名及入見太祖試治道論稱旨詔使守郡存源時巳七十矣辭以老不勝任改授羅源知縣廉慎自将惪愛細弱百姓戴之居一年以老

乞歸年八十而卒著有觀光紀行雲梯等集及鈎元賦

孫述可〔補遺〕字繼宗洪武中由薦辟授工部主事其為人達於吏治中外朗然富春姚肇為擬之玉壺秋月

駱觀光〔萬一樓外集〕字用賓洪武初徵使隴右稱職將授以官以老辭歸為軒名來月日觴詠其中人稱月軒徵士壽八十有六

王堂〔舊志〕字維政宣慰艮之孫也七歲能詩讀書

日記千言終身不忘從唐處敬先生遊力於古道父仲廬以元故官謫濠梁堂奉父周旋自謫所歸俄有詔發民兵城緣海要害舉堂督之民不困而事集諸率役者咸視為法有司薦其賢良奉使巴蜀還奏稱旨又以病歸太康王師魯為浙江布政使雅知堂舉以為掾每有所指畫必與共裁輿情甚協被檄督賦嘉興有推官無治狀堂甚輕之已而賄敗逮至京以舊銜誣堂坐理事白尋卒堂負奇氣有大志操持剛正議論不詭於道世以其不

獲顯施為惜子鈺貴贈翰林修撰

黄池（補遺）字畜之號石田嘉靖中晉江張行吾志遴知縣事會安福尹湖山一仁掌邑教明理學敦古禮浮薄者方嗤笑之池命其子璽璧瑋受業於紫山書院復命其子偕同學酈琥應思敬聘姚江錢緒山德洪主講席一時學者知所趨向池為之倡及卒錢德洪誌其墓詳見藝文志黄石田墓誌銘

華岳（蒼源叢記）字仲西性醇謹寡言笑少與張公元忭羅公萬化朱公賡張公太初陳公性學同硯

甚相善張羅二公相繼大魁三公亦掇巍科岳以貢士歷仕嚴陵廣德師範楷多士有明神廟朝朱公當國造邸欲特刻岳毅然曰國家銓政詎爲狥情資耶茍狥友即負君狥友不可也負君可乎哉拒不從遂以江府長史終其身

余元文（紹興府志）字仰泉幼穎悟博綜經史岐黃占測五行諸書罔不通曉延師取友課子下帷子綸縉皆成進士縉授河南道御史封元文如其官孫一燿毓澄亦同登壬戌進士元文既貴布衣徒

步如常時性愛植梅菊曰吾以友其德也年踰八十卒

余綸〔紹興府志〕字伯綬號岸脩崇禎癸未進士授福建興化司李未赴流寇陷長安大索庶僚咸汙以偽職綸潛匿草舍間道歸里侍父疾踰三載不安寢讀書根究理要與仲弟侍御縉自相師友晚年喜咏陶靖節林處士詩以自况著有蘿月庵集十餘卷

史繼鰌〔紹興府志〕字如矢為諸生時文名籍籍登

癸未進士授刑部主事適闖賊陷京棄職旋里隐居教授卒於家

謹按唐書卓行傳列權臯甄濟以皆不為祿山所汙吾暨余史二公亦皆不為闖逆所汙故不以列儒林而列卓行

傅均 馮夢祖平公小傳

平公姓傅氏名均軀幹八尺饒膂力能挽五石弓少治經生家言不售遂舉武試拔幟獲雋登丁丑榜進士雅以氣節自厲故明懷宗朝山陰念臺劉先生以直言被放講學於蕺山均往從為甲申都城失守劉先生徒跣不及

偃餓旬餘以殉節死均與其族奉㦸革篆别室立先生木主日浣水焚香聚徒講貫每及忠孝大節輒鬚髯戟張聲色俱振家固貧當崇禎庚辰歲大歉均揭鏹負米江干泛舟歸艤岸見不舉火者輒哀呼分給之未至家囊已罄不遺餘粒食貧倘徉不向人齷齪作寠人狀性坦遂往往視人如已一日烈日中取道經其徒田間蕪穢不治錯躩良久歛盖置畆畔盤礴解衣什縱横攩藝甚力其徒遥見奔至曰農功以時何可違也昂然挺盖提襟而

去均志潔行方不屑時俗所為嘗着馬尾巾緼袍挾筆墨携書數卷杖屨過止氣誼相合者輒下榻高卧或展卷朗誦捉筆事丹黄務畢聚談咄咄不休一言不合輒拂衣去居常喜行文遇有所著不模古楷今縱筆疾書悉吐其意所欲言而止皆饒血性云舊浙江通志傳日炯傳日炯與其叔平公同師劉宗周國亡兩人相謂曰吾輩義固當死然俱有老母在亦惟白於母許死則死耳平公白於母不許日炯白於母許之遂赴湄池而死平公乃

養炯毋終身事與傳兩互見詳義行

國朝

余毓湘公舉事實字瀟友號南湖侍御縉季子也生而至性過人八歲遭母喪泣血三年執禮如成人侍御致政晚年遷居郡城惟毓湘隨侍膝下備極色養父寢疾衣不解帶者數月及卒哀毀幾至滅性時年未四十鬢髮盡白伯兄毓澄居暨嘗患疾毓湘奔赴調治藥餌三年如一日毓湘喜讀書於經史百家無所不窺兼精岐黃嘗曰為人子者

不可以不知醫精於此庶於口體之養不無稍補耳以詩名所著有偶吟集海昌許宗伯汝霖爲序而傳之晚年常自教兒嚴立家訓子懋杞舉人懋棟進士孫文儀進士銓蛟舉人曾孫炳舉人以懋棟爲杭州府儒學教授贈文林郎文儀今任福建巡撫贈如其官

馮應求子夢祖〈公舉事實〉字起潛邑諸生喜讀書善鑒識順治中山寇發鄉設團練或指蕭山倪涵爲賊細將殺之應求愛其能文爲力辨得釋後涵

果中順治庚子鄉榜〈蒼源集行畧〉夢祖字名系或作紹思自號蒼源逸士寄籍爲錢塘諸生行文沖雅逸韻涉筆堪誦癸卯課藝及闈中鏡韻律辨二書爲人攫去所存特二孟枝言其古文詞彙爲六卷曰蒼源剩草蕭山毛奇齡爲之序載藝文

蔣楷〈公舉事實〉字子芳邑諸生孝友性成居父母喪不飲酒茹葷者六年如一日伯兄長楷三十五歲有子八人兄亡後楷以會稽裘氏浦江鄭氏兩義門爲法旣而食指日繁咸請晰箸楷深思良久

曰與其分而不均何如我自為之户田八百乃簿分為九而以其八與兄之子且曰計口授田此大父意也楷待人一以誠信為主人無不格鄉里有雀角者第云見子芳先生即釋一方中歷五十年無訟獄當康熙甲寅山寇竊發刼掠村落居民皆逃避楷獨衣冠立路旁待之寇至語曰若所欲得者財耳任取弗吝我欲贈若以言可乎乃為痛陳利害激昂淋漓聞者毛骨為竦寇百數十人一時感泣散去

隋以前不立卓行之目唐始有之德如元魯山節誼如權皋甄濟鯁峭如陽城知命如司空表聖其爲行不一無不凜若霜嚴軒如霞舉非世所稱卓卓者哉今志志人物一準浙江通志仍其舊者什九第通志有介節一目不若以卓行易之其所收乃更廣嘗一一考其生平有超然於華膴之外者有脱然于塵網之中者有較然于暗室屋漏人所不見之地者有斷然以義方垂訓咸正無缺者其爲行亦不一而其特立獨行超然流俗則一也楊

子雲有言顏苦孔卓世無孔子勿謂培塿無松柏也沈椿齡識

諸暨縣志卷三十

隱逸人物十

鳳舉鴻軒翔而後集譬彼寒泉王明用汲碧嶺丹崖蓑衣箬笠碩人之寬龍蛇之蟄列隱逸傳第十

元

吴雄〔萬歷紹興府志隱逸傳〕字一飛性易直從金華胡長孺遊以古人自期有地理卜筮諸書考歷詳盡嘗辟本州儒學正不就時人稱爲碧崖先生

吴銓〔宋濂贈虎髯生詩序〕吴銓字仲衡頰有鬚髯類

虎髯人爭稱為虎髯生自幼有大志常慕古豪傑為人遇邑中大繇役陰以兵法部勒見高山大澤便指畫為扞禦之規然以禮自守為順子為悌弟卷無慚志尤喜近師友道在是不復計其年之崇卑便折節相尊事以故士類稍歸之時中原兵動東郡李侯辟為行軍司馬使者凡再返生送使者曰為予謝李將軍方天下多故幕府得十倍才功猶半之我素疎加以闇劣即偕使者去無益萬分毫幸勿復來明當入深山矣無幾有言生於行丞

相府丞相屬以行樞密院架閣之職且召與語生自度丞相決不能用其言乃不受更製竹皮冠服大布衣以自隱暇日窣窣然行松風中擊節自歌人莫識其所存何如也全載藝文

中屠澂〔續宏簡錄元史〕字敬仲謹言端行爲鄉里所重性寡合望之容色毅然至有所請則温煦和婉辨析必盡工古文辭春容簡奥精篆籀小楷咄咄秦晉辟本路教授辭不行晚節益堅有遺世獨立之意所著有孝全摭言數卷

宋汝章〈戴良贈句無山樵宋生序〉汝章為學不事章句頗通戰國時事善機變有胆畧慨然喜論兵當兩浙兵起每退偃一室默計勝敗十不失一然不輕出卒為句無一老樵〈全載藝文〉

明

楊恒〈明史隱逸傳〉字本初外族方氏建義塾館四方遊學士恒幼往受諸經輒領其旨要文峻潔有聲郡邑間浦江鄭氏延為師閱十年退居白鹿山戴櫟冠披羊裘帶經耕烟雨間嘯歌自適因自號

鹿皮生太祖既下浙東命欒鳳知州事鳳請為州學師恒固辭不起鳳乃命州中弟子即家問道政有缺失輒貽書咨訪後唐鐸知紹興欲辟之復固辭宋濂之為學士也擬薦為國子師聞不受州郡辟命乃已恒性醇篤與人語出肺肝相示事稍乖名義輒峻言指斥家無儋石而臨財甚介鄉人奉為楷法焉

周瑾〈公舉事實〉字孟瑾自號守一道人生有異質於星歷筮卜雜算内算音律儒釋異國之書無不

通究前知如神每言吉凶禍福多奇中人擬之臨川張鐵冠然深自岌晦縝密不言當建文帝時或勸之仕瑾曰俟三年後當更議之及靖難兵起瑾遂决意不仕永樂元年詔令内外諸司各舉所知郡縣交辟之不就以青囊隱夜分輒登高處觀天畫則入深山中竟日不出同邑王鈺既及第踵門相訪欲薦之固辭鈺歎曰山深似太古日長如小年先生真神仙中人也瑾終以地理成名其所著地理指迷一書未梓購得者必手錄之珍為枕秘

俗傳瑾初投陳友諒既而察知天文分野不在江西乃逃歸或傳寧王聘之既而察知天文分野不在江西遂歸隱皆大謬不然考周氏譜牒瑾以洪武庚申生成化辛卯卒前後皆不同時焉可誣也

國朝

陳洪綬

朱彝尊陳洪綬傳字章侯年四歲就塾婦翁家翁方治室以粉堊壁既出誡童子曰毋汙我壁洪綬入視良久紿童子曰若不往晨食乎童子去累案登其上畫漢前將軍關侯像長十尺餘拱而立童子至惶懼號哭聞於翁翁見侯像驚下拜遂以室奉侯既長師事劉公宗周講性命之學已

而縱酒狎妓自放頭面或經月不沐客有求畫者雖罄折至恭勿與至酒閒名妓輒自索筆墨小夫稚子無勿應也嘗留杭州其友名之飲期於西湖上洪綬往遇他舟徑登其席坐上坐飲主人徐察之知爲洪綬也亟稱其畫洪綬大駭曰子與我不相識也拂袖去崇禎壬午入貲爲國子監生明年還里既遭亂混迹浮屠自稱老遲亦稱悔遲亦稱老蓮（按洪綬幼名蓮子及其老也名老蓮僧名悔遲亦或稱老遲）縱酒狎妓如故醉後語及身世離亂輒慟哭不已後數年以疾

卒洪綬妾胡淨鬘亦能畫花草〔紹興府志〕雲間陳繼儒曰章侯畫爲上字次之詩又次之

謹按紹興府志陳洪綬列隱逸亦列方技世稱王右軍才識絕倫觀其與殷深源及會稽王書是殆以書法掩之章侯之入方技是亦以畫掩耳抑隱逸逃名者也然非名遍寰區固未敢輕以相許章侯名甚著其見推於當時名公鉅卿已畧見于藝文志中而施愚山觀嚴水子畫人物引則直以高士目之斯即汝南月旦許矣以列隱逸豈有易爲

史漢不傳隱逸然留侯之言曰顧上所不能致者四人四人者誠高士其隱逸之流歟光武側席幽人旌帛蒲輪之徵賁交望於道如嚴光諸人遠性

風跡逸情雲上不可覊縻故東漢之氣節特高栗里而後風斯下矣放利之徒至有號終南嵩少為仕途捷徑者高尚之節安在暨邑自謝敷采紫石英於烏帶山久為處士幽棲之所而宋元以來傳者僅僅數人豈誠季世慕榮高蹈者少耶抑蟬蛻塵埃之中放情宇宙之外松山桂渚碧澗清潭没焉終老不復留姓氏於人間耶乃隱逸本不求人知而人之知之者即以隱逸而傳之合真養素托迹沈冥盛世不可無其人一以崇尚風節一以闡

𤼵幽光逸民高士之傳何可缺也今志所錄若干人其才皆足用世而能拔俗如是頑廉懦立可以為名教功矣沈椿齡識

恩倖

曾南豐謂銘誌義近於史而與史異余謂邑之有志義近於銘誌而與銘誌亦異史於善惡無所不書銘誌書善而已邑之有志則亦未始不可兼書善惡不惟置之無有所紀遂以使其愧而懼也漢書有恩澤侯表又有佞倖傳而宋書採其名列爲恩倖篇鼠憑社貴狐藉虎威雖欲置之無有所紀又可得乎謹爲錄而出之志恩倖

南北朝

阮佃夫（宋書恩倖傳）元嘉中出身爲臺小史太宗初出閤遂爲主衣世祖名還左右補内監永光中太宗又請爲世子師甚見信待景和末太宗被拘於殿内住在秘書省爲帝所疑大禍將至惶懼計無所出佃夫與王道隆李道兒及帝左右琅邪淳于文祖謀共廢立時直閤將軍柳光世亦與帝左右蘭陵繆方盛丹楊周登之有密謀未知所奉登之與太宗有舊方盛等乃使登之結佃夫佃夫大

說先是帝立皇后普暫徹諸王奄人太宗左右錢藍生亦在其例事畢未被遣密使藍生候帝慮事泄藍生不欲自出帝動止輒以告淳于文祖令文祖報佃夫景和元年十一月二十九日晡時帝出幸華林園建安王休仁山陽王休祐山陰公主並侍側太宗猶在秘書省不被名益憂懼佃夫以告外監典事東陽朱幼又告主衣吳興壽寂之細鎧主南彭城姜産之産之又語所領細鎧將臨淮王敬則幼又告中書舍人戴明寶並響應明寶幼欲

取其日向曉佃夫等勸取開鼓後幼豫約勒內外使錢藍生密報建安王休仁等時帝欲南巡腹心直閤將軍宋越等其夕並聽出外裝束唯有隊主樊僧整防華林閤是柳光世鄉人光世要之僧整即受命姜產之又要隊副陽平聶慶及所領壯士會稽富靈符吳郡俞道龍丹陽宋逵之陽平田嗣並聚於慶省佃夫慮力少不濟更欲招合壽寂之曰謀廣或泄不煩多人時巫覡云後堂有鬼其夕帝於竹林堂前與巫共射之建安王休仁等山陰

主並從帝素不説寂之見輙切齒寂之既與佃夫
成謀又慮禍至抽刀前入姜產之隨其後淳于文
祖繆方盛周登之富靈符聶慶田嗣王敬則俞道
龍宋逵之又繼進休仁聞行聲甚疾謂休祐曰事
作矣相隨奔景陽山帝見寂之至引弓射之不中
乃走寂之追而殞之事定宣令宿衛曰湘東王受
太后令除狂主今已平定太宗即位論功行賞壽
寂之封應城縣侯食邑千户姜產之汝南縣侯佃
夫建城縣侯食邑八百户王道隆吴平縣侯淳于

文祖陽城縣侯食邑各五百户李道兒新塗縣侯繆方盛劉陽縣侯周登之曲陵縣侯食邑各四百户富靈符惠懷縣子聶慶建陽縣子田嗣將樂縣子王敬則重安縣子俞道隆茶陵縣子宋達之零陵縣子食邑各三百户佃夫遷南臺侍御史薛索兒渡淮為寇山陽太守程天祚又反佃夫與諸軍討之破索兒降天祚遷龍驤將軍司徒參軍率所領南助赭圻轉太子步兵校尉南魯郡太守侍太子於東宫泰始四年以破薛索兒功增封二百户

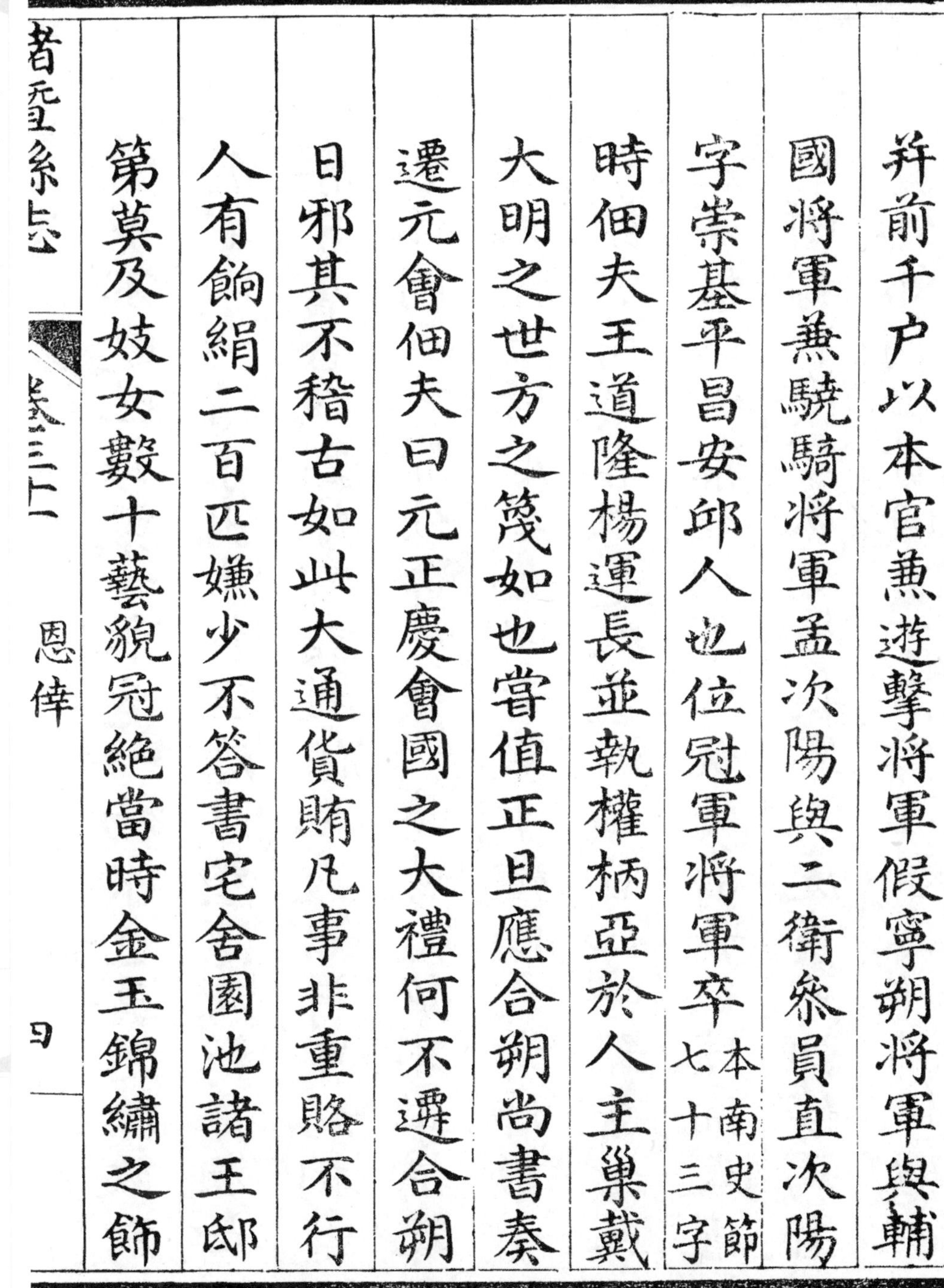

并前千户以本官兼遊擊將軍假寧朔將軍與輔國將軍兼驍騎將軍孟次陽與二衛叅員直次陽字崇基平昌安邱人也位冠軍將軍卒本南史節七十三字時佃夫王道隆楊運長並執權柄亞於人主巢戴大明之世方之蔑如也嘗值正旦應合朔尚書奏遷元會佃夫曰元正慶會國之大禮何不遷合朔日邪其不稽古如此大通貨賄凡事非重賂不行人有餉絹二百匹嫌少不答書宅舍園池諸王邸第莫及妓女數十藝貌冠絕當時金玉錦繡之飾

宮掖不逮也每製一衣造一物京邑莫不法效焉於宅內開瀆東出十許里塘岸整潔汎輕舟奏女樂中書舍人劉休嘗詣之值佃夫出行中路相逢要休同反就席便命施設一時珍羞莫不畢備凡諸火劑並皆始熟如此者數十種佃夫嘗作數十人饌以待賓客故造次便辦類皆如此雖晉世王石不能過也泰始初軍功既多爵秩無序佃夫僕從附隸皆受不次之位捉軍人虎賁中郎傍馬者員外郎朝士貴賤莫不自結而矜傲無所降意入

其室者唯吳興沈勃吳郡張澹數人而已泰豫元年除寧朔將軍淮南太守遷驍騎將軍尋加淮陵太守太宗晏駕後廢帝即位佃夫權任轉重兼中書通事舍人加給事中輔國將軍餘如故欲用張澹為武陵郡衛將軍袁粲以下皆不同而佃夫稱敕施行（南史）又廬江何恢有妓張耀華美而有寵為廣州刺史將發要佃夫飲設樂見張氏悅之頻求恢曰恢可得此人不可得也佃夫拂衣出户曰惜指失掌耶遂諷有司以公事彈恢凡如此粲等不敢執元徽三年遷黃門侍郎領右軍將軍太守如故明年改領驍騎將軍其年遷使持節

督南豫州諸軍事冠軍將軍南豫州刺史歷陽太守猶管内任以平建平王景素功增邑五百戶時廢帝猖狂好出遊走始出宮猶整羽儀引隊仗俄而棄部伍單騎與數人相隨或出郊野或入市廛内外莫不懼憂佃夫密與直閤將軍申伯宗步兵校尉朱幼于天寶謀共廢帝立安成王五年春帝欲往江乘射雉帝每北出常留隊仗在樂遊苑前棄之而去佃夫欲稱太后令喚隊仗還閉城門分人守石頭東府遣人執帝廢之自爲揚州刺史輔

政與幼等已成謀會帝不成向江乘故其事不行
于天寶因以其謀告帝帝乃收佃夫幼伯宗於光
禄外部賜死佃夫幼罪止一身其餘無所問佃夫
時年五十一

列女

列女傳叙自劉向凡八篇曹大家注凡十五篇而一邑所志乃不啻過之何多也然向列古女善惡所以致興亡者大家所注益以陳嬰母及東海以來十六事不專以節稱也而近世傳列女壹似非節無稱則例亦稍嚴矣謹據前志所載删繁益漏分目為三曰貞孝曰名媛曰閨秀庶於

聖朝明章婦順之意不無小補云爾志列女

貞孝列女一

南北朝

賈恩妻栢氏見賈恩傳

屠氏女南齊書孝義傳諸暨東洿里按徐志今東安塢屠里

屠氏女父失明母痼疾親戚相棄女移父母遠住苧蘿晝樵採夜紡績以供養父母俱卒親營殯葬負土成墳鄉里多欲娶之女以無兄弟誓守墳墓不肯嫁爲山賊刦殺縣令于琳之具言郡太守王敬則不以聞負土成坟下節七十二字另載志餘

宋

倪夢應妻孟氏〈兩浙名賢録〉夢應早世孟刻苦不嫁以氷霜自勵而訓子孫以仁厚餘粟出糶必縮直十二三歲以爲常時以比椽斛夫人〈隆慶駱志〉夢應海門尉又浦江戴良有跋倪夫人遺事後載藝文

張軫妻趙氏與婉〈萬歷紹興府志〉宋宗室女軫死義趙孀居守志教其子敦事詩書〈隆慶駱志〉子名復

王友仁妻方氏〈萬歷紹興府志〉友仁父厚之所積書籍甲於海内友仁卒子澹尚在懷抱氏闢樓居

藏之嘉定中柄臣遣使者持書幣指求再三竟謝
不與

元

楊敏妻齊氏（兩浙名賢錄）年十八敏卒子甫周歲
舅姑欲奪其志齊斷髮破面抱其孤向舅姑哭曰
我為死者守孤忍令此孤之無歸乎舅姑怒令自
食齊居斗室晝夜紡績以資養舅姑卒托老婢經
理其家閉門不出開一竇以通飲食如是者二十
年年六十七卒（隆慶駱志）齊名妙觀

章瑜妻傅氏〔輟耕錄〕年十八適同里章瑜瑜為苛吏脅軍興期會迫殂道上訃至傅氏蒲伏抱屍歸號泣三日夜不忍入襯屍有腐氣猶依屍呵含冀甦既入棺至齧其棺成穴及葬投其身壙中母強挽以出制未百日母欲奪志語聞遂大慟連日不食母囑侍婢謹視之閱數日紿婢吾當浴若葺理沐具俟予既而失所在明日婢汲井見二足倒植井中乃傅氏也楊鐵史維禎嘗贊之曰余讀古節婦事至青陵臺及祝英氏以為後無繼者世道降

也久矣今瑜妻乃爾謂世降德薄者吾信歟夫婦倫與君臣等世之稱臣子者獨不能以瑜妻之義於夫者義其君歟噫載續宏簡錄元史

張英妻莊氏淑貞〔兩浙名賢錄〕至正乙巳張士誠攻城氏被執度不可免厲聲大罵曰爾輩鼠賊耳敢肆行無禮執略衣冠子女乎我死即死奪我終不可得也賊怒抉其口而死〔隆慶駱志〕英字仁傑有儒行善寫花木蟲魚子恒洪武中為行人

王琪妻蔡氏〔元史本傳〕至正二十二年張士誠陷

諸暨蔡氏避之長寧鄉山中兵猝至有造紙鑊方沸遂投其中而死（兩浙名賢錄）賊驅其從婢婢曰主母死我可驅乎賊怒殺之（舊志）烈婦名相字彥鄉隱士基先女有凡三人長樞次權次概烈婦死概為收骸骨葬水潔蛇山之麓婢名順洪武一統志具載其烈海道范公按部備查事蹟閱縣詳曰歷觀蔡氏事蹟皆乾坤正氣可鍾貞勝亦以烈死並當表揚仰給贖銀本家建祠修墓塑像立祀仍遣官行禮以慰貞魂以勵頹俗隨蒙邑侯劉公光復捐俸建祠立像於五里亭又令子姓修墓另建專祠建坊立碑於其鄉族裔蔡汝述蔡文雄等任其事祠成劉侯備申學憲云烈婦幼嫺女訓長習婦德屬干戈之擾攘緣崎嶇以遇兵懼辱其身甘没沸鼎一死輕於鴻毛正氣凜然千古此真慷慨成仁不減從容就義廟貌從新祀事宜飭應每遇大寒日遣官致祭以

表遺烈殉死携媵順女仍令配食西廊庶女全貞婦全節大有裨於風化而臣死忠子死孝行且振乎頽綱學憲銑公批云烈婦蔡氏既已建祠每遇大寒日遣學官一員詣祠致祭其牲醴等項准支學租銀

備用

趙宜震妻郭氏

〔兩浙名賢錄〕名靚元季亂夫婦伏莽蒼中數月始歸而宜震死郭年少苦節遺孤從師以練布為贄師辭之乃令孤致辭曰非此無以成弟子禮苟憐死者而及其孤則請勿辭後疾革呼其孤曰爾既有成我以得死為幸遂瞑

方孝婦〔宋濂方孝婦石表辭〕孝婦姓方氏諱迎越

之暨陽人生二十七歲歸同里楊君敬敬有母何氏孝婦左右就養惟恐違其志何病腑道澁不能親御偃溷孝婦浸之湯盆中以指探出之積歲之久手文皆龜裂而孝婦未嘗有倦色昔人有為親浣廁牏者史臣尚以為難載之於策考孝婦之事尤人所難者其他行弗問而可知也嗚呼是尚不得為孝婦矣乎孝婦性儉慈頗知讀書嘗粥田教子父德載母張皆宦族年六十一生二子恒慧其卒以至正二年九月五日其瘞於馬鞍山以三年

十二月二十二日

潘節婦無傳吴萊有題諸暨北郭潘節婦卷後詩載藝文志

楊處女楊維禎古樂府處女名雪字玉霙余從父女弟也年十三善琴十五攻詞翰二十許陳氏子未娶陳没遂守志不嫁達官聘之不允自誓之死作處女塚兵亂處女閉户餓而死年四十有二

楊維禎處女塚詩楊處女白雪霙慈母惜白雪抱玉真珠擎十三善瑶琴不作濮上音十五弄彤管不作花帽情叮嚀媒與伴必嫁公與卿英英馬上郎貂帽繡衣裳來交處女幣願作處女郎貯以黄金屋薦以白玉床大珠連理帶七寶合歡床大珠五十萬七寶百萬鏹黄羊尾如

扇文雛若鳳凰置酒結高宴長跪起行觴處女誓慈母有姹不下堂嗟嗟楊處女處女節獨苦事母終母喪母墳成負土白髮五十秋五十終處女誓作處女墳南山華表柱荒城兵火交三月不開户生作獨月娥肯作城中三嫁婦

女貞楊氏 楊維禎古樂府余從父女弟名宜既笄許陸氏子娶一夕陸卒從達官聘之宜誓不嫁母偪之閉重户自盡余表墓曰女貞

楊維禎女貞木楊氏詩 守死重闕志不瞬九泉不負陸郎妻至今墳上女貞木不受商陵怨烏棲

明

周本恭妻趙氏（宋濂周節婦傳）名淑始歸而姑卒既而舅及兄公姒亦相繼死兄公子顯宗幼婦相夫餙喪治葬育顯宗如子歸十一年生三男夫卒婦年二十九明年國朝與僞吳拒戰兩兵交焚掠家資無纖毫存婦抱兒及顯宗出走匿惟持田籍以行深山窮谷閒饑餓顛踣削木膚采藜藋以食或勸之曰呱呱者何足恃婦剪鬢髮益自裁戢人莫敢近兵定歸富民侵其田幾盡婦持籍與辨卒賴以完知州高其行乃復其家

樓吴四節〔萬歷紹興府志〕樓師忠妻斯氏名鞠字妙善元末避亂山谷間師忠出負米罹鋒鏑卒斯年二十六後一年師忠弟師實亦遇游兵卒妻何玉年十八師實弟師彰卒妻陳婉年二十一從子珏又卒妻錢年二十九皆不嫁人稱一門四節又有吴璟妻鄭貴澄璟弟璃妻貴澄從妹貴深璃弟瑛妻黄昭從子儉妻斯氏亦一門四節

李氏二節〔宏治紹興府志〕王氏秉適同邑李通與通弟遠妻阮氏貞並早寡以志操自立備經饑亂

遠遁深山得以自免親族勸使再醮二婦歎曰吾寧餓死肯爲是哉洪武初旌表

〔陳韶詩〕山石有時泐井水有時乾嗟哉兩孀婦秉節永弗諼白髮同初志時人多厚顔長憶泉下人相視起悲嘆枯榮連理木聚散雙飛翰並違偕老願共守衾床單一醮雖不易保此良獨難彼義共姜誓貞毅不可干苟非栢舟詩末俗何由敦

俞氏三節

〔宏治紹興府志〕俞瀟妻童氏年十六歸瀟未幾而瀟死童剪髮納棺誓不再醮瀟仲弟滋妻趙氏季弟潤妻金氏亦相繼夫歿趙惟一子金惟一女妯娌並守志紡績養舅姑撫子女人以三

節稱之户側產異竹縣令蔣昇以聞旌其閭隆慶駱志竹一本三幹本皆疊生三節

孟貞女毛奇齡詒祠孟貞女傳名蘊字所溫張元抃傳作子温其先為鄒縣孟氏入宋有封信安郡王者判紹興府事家諸暨為諸暨人蘊父鋋張元抃傳作涎為明初生員嘗夢女官送雲冠繡裳於庭遂生蘊絕慧讀書過目不暫忘會同里蔣文旭者年十七膺洪武二十九年鄉貢授河南道監察御史時巡撫湖廣以未娶託媒氏聘蘊而請歸親迎值陳時政十

二事中有暱戚殺平人一條忤旨賜死謹按明一統志蘊初許嫁縣學生蔣文旭未成婚文旭充貢入監為御史病卒蓋諱之也云許嫁在前亦微異蘊聞訃大慟請於父曰大人昭信踐蹇修之言問吉以通是蘊為蔣氏婦矣文旭之不幸即妾之不幸也願得一履蔣氏庭奉侍舅姑他日可以見文旭地下父母未許蘊私念文旭柩歸必過己門乃竊為衰麻而蒙以絲俟柩過從門閭躍出裂所蒙服長號扶柩去終其喪年既而文旭父母歿無嗣蘊服除後乏食分餓死蘊父始憐之迎蘊歸擇宅後嵒

閒構栢爲樓令藴處其中曰栢舟之意也聚書百餘卷供晨夕觀玩足不越梯一步歲時兄弟姪姒皆一至樓前問候去嘗見樓後嵒石間老梅盛開賦老梅詩一百首見志宣德六年巡按直隸監察御史蔣玉華翰林院侍讀黃文瑩等疏曰竊惟原任河南道監察御史蔣文旭妻孟藴未婚守志經三十三年今已五十有二矣臣等思叔世之婦甫諧伉儷遽誓白首乃一旦夫死而改絃易轍者往往而是即或終始不渝亦必激於夫情眷戀子女

家世榮盛，原可依倚；未有夫，曾未面，煢然一身，家世零落，了無可藉，而矢心明節如孟藴者，是即君子無所爲而爲之義也。夫無所爲而爲者，在女爲未字砥節，在臣爲未仕矢忠，是當與殷夷齊、齊王蠋、漢袁閎、龔勝、晉王裒、唐周朴、宋順昌山人、唐義士共表異者。奉旨旌其門，建坊，立祠於亞聖孟氏祠側。年九十三卒。張元抃孟貞女傳：年九十有三，髮無纖白，後人稱爲黑髮姑。生卒皆在重九日，婦女咸於是日會拜墓上，至今不絕。章志　歲給學租銀，於大寒日遣官詣祠致祭。

栢樓吟　附錄七首，餘不盡載

與童姬夜話　樹底蜩螗聒耳，聰前蟋蟀齊鳴。話緒無端攪斷，明河天際雲橫。

謹按張元抃孟貞女傳，侄婦童氏進曰：賢姊此志可質鬼神，無相違也。童氏披心相翼，情若共生。蘊歸時與童泣別，童惝恍若失。其賢於他婦亦遠矣，附傳于此。

雪前種栢二首　高塚村前擁栢臺，呼童携木我親栽。青青願志凌霜節，獨立門庭永不摧。（又）綉衣御史栢為臺，烏府庭前夾道栽。今日凌霜無可覩，為君植此寸心摧。

咏梅二首　傲雪經霜已有年，凡花未許與爭先。秉驄人去無緣折，留得清香滿世間。（又）孤巖生長幾多年，萬木凋零我獨先。不似尋常輕粉色，只留清白在人間。

却荔枝　金盤誰薦紫袍新，野騎無端擾漢津。縱使夷齊心不易，難將青眼笑紅塵。

張元抃孟貞女傳：親黨中有以荔枝餉者，蘊曰：此楊妃所嗜物也，我安用為？乃作詩却之。

挽夫　金精不畏紅爐鑠石額應鐫身後名絲繫綱常九鼎重竹標貞節萬年榮匏歌薤露空悲挽土瘞英魂把泪盈革裏屍魂酬夙志木乘風起助悲聲　原注用八音冠韻

蔡鈹女　浙江通志　名六主及笄王虞兩姓爭婚致訟六主恥之剪髮誓爲貞女

酈決妻馮氏　於越新編　名寶娘適決未數月決卒馮年二十三以姪名楹爲嗣苦節自守一婢有殊色人求娶馮命之辭曰願與主母同老終不嫁　隆慶騐志　馮年八十卒婢年亦七十餘其後決墓産連理一株　王會新編　是主是婢甘苦相憐地生連理人稱雙璧

蔡溫妻吴氏〔於越新編〕年十六歸溫明年溫卒守節八十五年至一百一歲乃卒

余鄉妻曹氏〔萬歷紹興府志〕斷髮嚙指嘉靖中旌〔隆慶駱志〕鄉故曹年二十一子良充生甫五月姑憐其少將改嫁之曹斷髮不從姑喪值歲大歉家益貧隣婦勸曹携孤他適曹嚙指自誓年九十餘卒

徐溥仁妻洪氏〔隆慶駱志〕洪有婦德舅氏道州守雅重之姑王氏疾洪不解衣帶者數月及卒不食

内者三年人稱其孝

駱氏雙節〔萬歷紹興府志〕舉人駱黼妻錢氏黼從孫宗廸妻鄭氏旌〔隆慶駱志〕宗廸卒即以黼孫玠為嗣鄭曰吾以繼錢氷檪一致錢九十有六卒鄭年七十餘卒

壽九章妻鄭氏〔萬一樓續集〕年十九歸九章生一子和僅三月九章卒鄭年二十一後至五十二終其舅富甲一邑六丈夫子其五皆雄貲豪舉鄭既孀獨撫其孤清淡卑棲多歷變故而調停得體自

始至終不為人所疾累當娶婦告其舅曰欲得讀書種子庶昌吾後乃擇同邑陳生仕華女是生孫兗臣以進士令霍邱

陳心學妻童氏（萬一樓續集）年十六歸陳前妻所遺二女長六歲次三歲撫之有恩三年生子于京又四年夫卒時年二十三陳本世家其族姓蕃衍華腴孀居後家務頗冗雜所倚者惟一叔氏亦已析居婺主其中公私大小應酬各有條理以待其子之壯嫁二女娶一婦皆以禮遠近無間言心學太學

生陶望齡有陳貞姒詩載藝文志

陳洪綬題貞姒傳十五嚴霜烏夜啼此身原已客天西連環偶醉千山雪淚浥蓮房一東溪

陳孝女　陳性學乞賜表揚疏妹氏寀適生員周道隆以父疾冒雪歸寧躬調湯藥至廢寢食父疾日劇籲天割股和羹以進竟不起寀猶呵氣入口冀甦踊擗櫚前嘔血斃年二十有六章志旌孝

袁仲解妻黄氏　王會新編不二載夫故止遺二月孤伯氏忌之黄斷髮毀容以示無他後歷艱苦足

不踰閫者數十年萬歷間詔建坊

酈元翀妻周氏（紹興府志）甫婚而卒無子酈將不祀周出粧奩佐舅置繼室得子名元正及周卒元正服喪三年

陳憐妻俞氏（紹興府志）早年守節至老有坊旌孫元暉進士

陳穩妻張氏（紹興府志）年九十五卒萬歷間有坊旌（章志）子光祖毆寧丞據旌表志陳穩作陳隱九十二

何暎賢妻黃氏（浙江通志）年二十歸暎賢比孀居

值亂兵焚掠遭驅廹冒死詈拒被刃而殞時盛暑屍横野至五日始殮神色不變

酈煉妻楊氏〈章志〉年十九孀居守節六十年一日隣火猝至幾逼煉柩楊急號天忽風反火息酈煉稟生

呂元鎮妻傅氏〈章志〉元鎮病傅為刲股以救姑病傅躬事藥餌扶持以時年二十寡又二十餘年卒知縣路邁牛光斗俱奬之

傅大詔妻郭氏〈章志〉年十七歸大詔婚五月而寡有子應麟在妊方三月氏内肅家政外持門户又

以其餘賑濟貧乏孜孜為善六十四年傅氏自此始大子應麟庠生

陳欽芝妻丁氏章志家貧不足供饘粥或勸改圖氏曰饑可忍志不可奪坐卧一小樓時或竟日不舉火飲氷茹蘖自甘也苦節三十餘年卒孫克建曾孫光珹皆貢生

孟蘭妻傅氏王會新編婚一載夫客死於外訃聞絕食求殉勸以殯夫乃徒步迎櫬葬畢復欲從夫地下勸以立孤承祀遂苦節數十年終其身

孟夢蛟妻孫氏〈紹興府志〉十九守節七旬而卒子緯庠生

徐行恒妻酈氏〈章志〉姑病刲股秘不敢洩病愈姑亦終莫之知

蔡邦瑞妻張氏〈章志〉邦瑞家素豐無兄弟舉一子甫孩遽病故人利其貲欲迫張改適張乃出貲分衆以銷其謀

周一鼎妻宣氏〈章志〉年十九爲未亡人任教養四十年孫宏易以明經充貢文名藉甚知縣錢世貴

李一元司理陳子龍皆獎之

王之佐妻袁氏（章志）年十九而寡遺孤復夭煢煢孑立苦志愈堅年八十而卒知縣路邁司理陳子龍寧紹道沈潤皆獎之

貞節六氏（舊浙江通志）景泰初苧蘿閨秀王氏行肅二年及笄誓不嫁隨弟肅六資其奉養終身為人不修容儀不妄言笑竟以處子終其身謚妙端至今享祀不絕他如劉子羨妻吳氏徐夢旦妻王氏胡斗輝妻許氏周之德妻柴氏盛鳴鳳妻孫氏

其家俱苧蘿接壤皆誓死完貞人稱六氏周之德蚤殁氏守遺孤雄基奉侍公姑生養死葬以婦代子克盡孝道苦節四十載子登丙午武榜

國朝

王祖念妻陳氏浙江通志順治乙酉方兵焚刼脅氏隨去氏縱身投沿内殁越三日家人收其屍顏色如生

傅有益妻應氏余長三十一妻吳氏浙江通志順治丙戌六月亂兵至氏恐為所辱投屋側塘内殁章志有益感其義亦終身不娶又余長三十一妻吳氏被掠投

塘死

徐承明女〈浙江通志〉年及笄未字丙戌遇遊兵縛之馬上過全湖女躍入水死

傅河源妻蔣氏〈公舉事實〉氏蕭山女暨邑湄池傅所自出年十四歸中表河源九月夫亡舅姑亦即世遂大歸於母順治丙戌爲遊兵所逼母女同赴

蔣家池死

陳耀妻王氏〈公舉事實〉丙戌六月王爲遊兵所掠

投長塘死

姚瑞芝妻黃氏（公舉事實）丙戌九月黃爲山寇所逼投羅村池死

斯曰福妻黃氏（章志）殉夫難旌表節烈（公舉事實）順治丁亥土寇蟻聚東白山上林斯氏當其衝曰福被害寇欲携黃去黃紿之就婚於家隨至申命亭亭下潭深叵測黃挈子女及婢銀桂俱投潭而死

郭陳二烈（浙江通志）蔣氏郭增妻俞氏陳守義妻順治四年遇兵於途將汙之蔣堅不從奪刃自殺

俞見其夫被殺亦自刎增庠生

蔣氏三烈（公舉事實）蔣奇瑞妻駱氏奇瑞兄子茂琳妻楊氏茂琳弟茂栢妻葛氏順治四年山寇竊發駱與葛避入磨石山為賊所刼同赴磨石潭而死楊隨茂琳避匿宅東稽山為賊所窺茂琳被殺楊投金家潭而死康熙四十六年知府高泓獎

陳賔妻王氏（浙江通志）年十五歸陳甫五載夫疾劇適畫工傳夫容氏請併己容入圖圖成語夫曰此同歸意也逮夫卒殯殮成禮氏登樓端坐投繯

自盡（章志）臨絕時題詩衣裾間有乞瘞夫之旁連理黃泉地之句

長清嶺烈婦（浙江通志）康熙十三年土寇朱德甫踞諸暨紫閬山官兵進剿有一卒繫良家婦并其幼子於馬後隨行婦紿謂卒曰吾既被獲從汝固宜但夫止一子今在此吾夫必來俟其至以子歸之然後任汝所欲卒許之行可半日至長清嶺其夫奔而前婦請於卒以其子付夫度其去已遠遂投巖死（紹興府志）通邑士民在嶺上築亭祀之

潮坑烈婦（公舉事實）烈婦夫姓陳氏居潮坑康熙

甲寅寇至艷烈婦色殺其夫逼使從已烈婦紿曰吾夫已死惟汝是從然有子在當得隣姥屬之夫屍未葬葬畢乃可寇使以其子屬隣姥遂焚其廬投屍於火語烈婦曰爾夫已火葬矣烈婦即躍入烈燄中死其地歷今百年不生青草

周士亨妻陳氏　陳瑞芝妻應氏〔公舉事實〕甲寅山寇邑西爲甚陳避難母家與其嫂應俱被掠赴塘死知縣趙俠奬曰雙烈同清

宣拱妻宗氏〔浙江通志〕拱卒無子拱兄君修欲而

貪氏年甫十七容髮姝麗淮安巨商適諸暨見之以多金啖君修將縛氏置輿中擁至寓第隣婦知其計告之氏唯唯無一言更強歡笑遂密縫其上下衣夜開門至下堰塘投水死時康熙二十二年十一月十三日也天寒氷結氏屍層氷下君修求之不得疑匿他所頃之狂風怒起池氷裂開數尺聲若雷吼僵屍蹶起寒峭如生氷結衣服間稜稜然觀者成市士民聞於縣轉申督撫祔蔡烈婦祠因名其池曰殉節池池水汙濁氏屍後澄碧如秋

登仕橋陳氏
祖姒

旌坊紹興府志合士民聞于縣者為孝廉楊三炯烈婦初祔祠貢生何宏基復構祠於白塔湖側祀之

孟氏五節浙江通志戚氏孟大壯妻二十五而寡六十九歲卒黃氏孟大有妻十九歲而寡八十一歲卒大有子應瑞娶楊氏二十二而寡六十九歲卒大有孫二明琦妻楊氏二十三而寡年六十五明球妻翁氏二十五而寡年五十九皆力貧守志養老撫孤世著貞節一門繼美

陳氏三節章志陳仲學妻應氏年二十四而寡子有謨娶翁氏亦二十四而寡有謨子瀛縉娶孟氏

未幾亦寡，三世守貞守道。宋琬奬應曰「冰清玉潔」，知府王昇期奬翁曰「節孝流芳」，學道金鏡奬孟曰「承流三節」。皆有譔瀛縉庠生

鄭復修妻酈氏

〈浙江通志〉年十八，復修亡，舅病劇，酈割股療之。有女適樓姓者，不數月而夫卒，矢志勿二。人以爲得母氏之教云。

呂貞女

〈王會新編〉許字俞文昇，未嫁，文昇卒。貞女鬄髮縞衣，奔喪舅家，願守終身。舅憐而欲奪之，女益矢冰蘗，爲舅續姑。舅年七十，生子虹，後舅姑俱

故貞女撫訓成立長而遊庠年六十餘卒虹終喪以其子繼貞女爲後

孟立志妻陳氏〔紹興府志〕立志早卒氏守節事姑稱節孝順治丙戌歲旱氏發賑三百餘石一方以安立志庠生

宣明初妻酈氏〔紹興府志〕早寡藐孤數歲以苦節終姪德仁酈以撫孤屬之德仁亦謹受教言

酈一俊妻壽氏〔章志〕壽母病刲股以療一俊卒無子壽撫姪爲子苦節三十年卒一俊庠生

酈吉士妻周氏（紹興府志）撫遺腹以節稱（章志）周婚甫一月夫亡舅姑以少遺改適周正色對以古烈女事截髮毀容守貞三十餘年卒子緗庠生

陸廷茂妻張氏（章志）歸甫一紀而廷茂卒時方兵亂氏上奉舅姑下携幼子東西竄處人無間然廷茂子秉鑑皆庠生

錢宷肅妻蔣氏（章志）宷肅病氏封股和藥不起一子復殤以姑老不敢死姑疾瀸甚侍婢多遠避氏手自撫摩曉夜不輟矢冰霜三十年學憲劉公撫

憲王公題旌宋肅庠生

朱濂妻沈氏〔章志〕歸濂數年未有子為娶妾樓氏亦未有子濂以暴疾卒沈氏終養舅姑辦喪葬叔氏二皆幼氏撫之成立年八十餘卒樓亦同守五十年

張國光妻俞氏〔章志〕年十三歸張二十無子為娶妾二又無子國光卒戚屬欲奪其志俞守死不移撫伯氏遺孫為子苦節五十餘年

周祚明妻許氏〔章志〕年十八適周婚甫八月祚明遘疾知氏有娠以撫孤屬之遂嗒焉逝氏果生男苦節氷霜三十年卒能不負所屬

陳烈妻傅氏〔章志〕年二十夫故守貞五十年足不踰户言不見齒知縣龍起潛奬烈庠生

陳克智妻王氏〔章志〕年二十六夫故七十而卒營葬先塋飲血撫孤知縣龍起潛奬孫養德庠生

陳紹炳妻王氏〔章志〕年二十四夫故無子繼姪為子孫幃守貞敬事舅姑苦節三十餘年知縣龍起

潛墺

石學漢妻袁氏〈章志〉年十九守貞家貧舅姑老氏撚女紅以供甘旨教養二子備極辛勤知縣龍起潛墺

馬孟元妻趙氏〈章志〉年二十五孟元即世氏敬事姑嫜守節四十五年卒年六十有九知縣龍起潛墺

許黌妻壽氏〈章志〉黌病氏封股弗愈臨訣時告黌曰以殉撫孤守節六十餘年年九十卒知縣張國

棟奬

趙杞妻惠氏章志年十七歸杞二年杞亡子在腹撫孤守義年八十五而卒知縣陳鑣奬

郭大本妻周氏章志

旌表貞節

金子俊妻廖氏公舉事實遇强暴誓死不污因為所殺獄成以聞得旌事在康熙三十九年

俞學勤妻陳氏題旌冊年十九而寡子宗望閲七

日始生撫字成立守節四十年卒康熙四十九年
題
旌

雍正中

壽芳楢妻斯氏〈浙江通志〉年二十五而寡守節三十九年二年具題子日焜庠生

酈經妻蔣氏〈浙江通志〉年十九而寡守節四十七年二年具題繼子毓澂

陳首安妻周氏〈浙江通志〉年十六歲夫亡斷髮毀

容誓守繼子承祧苦節至五十一歲三年具題

余九霞妻錢氏〔浙江通志〕年十九歲而寡守節三十二年三年具題

樓縣亮妻鄭氏〔浙江通志〕年十九歲而寡守節六十八年三年具題

郭琦妻酈氏〔浙江通志〕年二十三而寡守節十九年三年具題

趙友齊妻楊氏〔浙江通志〕年二十三而寡守節四十一年三年具題

邑人壽致潤烏雁行　君不見慈烏將雛宿枯木夜半悲啼聲斷續又不見孤雁攜子度寒塘唧蘆鍛羽意愴惶拮据營巢勤哺乳掠雨披風那堪數養成健翮摩長空遽遽似釋從前苦名家媛趙家姆二十結褵嗟靡盬玉樓遽召有才人霜毫不試畫眉譜繞膝依依三歲兒牽娘索父正嬌癡寶樹長埋剩遺腹孤鸞莫緘斷腸詩曉起盥洗侍舅姑殷勤色養強歡娛王孫芳草渾如夢潸潸飲蘗復茹荼教子丸熊更畫荻文就元和詩大歷鵬飛萬里志圖南豈垂兩耳長伏櫪瑶池氷雪作心肝諤諤松筠耐歲寒輶軒使者欽閫範棹楔優崇示不刊今

上膺圖尤䘏節詔出龍樓旌幽烈浣東祀事永千秋清是長江明是月

何兆隆妻詹氏　浙江通志　年二十四而寡守節四十九年三年具題

何兆鼎妻陳氏【浙江通志】年二十四而寡守節三十三年三年具題

樓拱璧妻酈氏【浙江通志】年二十一而寡守節五十二年三年具題

袁爾倬妻許氏【浙江通志】年二十二而寡守節三十四年三年具題

趙宏猷妻郭氏【浙江通志】年二十五而寡守節一十六年三年具題

方爾楝妻樓氏【浙江通志】年二十六而寡守節四

十五年三年具題

傅愉妻張氏〈浙江通志〉年二十三而寡無子愉兄憬亦惟一子無可繼者氏貧不自給苦節至六十六歲而終四年具題

陳宏僴妻許氏〈浙江通志〉年二十六而寡立繼承祧守節二十五年六年具題

周遇暐妻戚氏〈浙江通志〉年二十一夫亡長子在襁褓次在腹人勸其他適氏斷髮毀容堅拒之事翁姑孝鞠二子成立七年具題

湯大姑 浙江通志 湯舜臣女許字趙源未婚源卒大姑年十九父母不以聞姑偵知之堅請奔喪至則執喪成禮事舅姑盡孝後舅姑沒歸母家茹蔬服素屏居一室守志終其身七年具題

胡天游詩 君不見首陽之高高不極采薇采薇裂白石又不見黄河之水入海流千年萬年歌栢舟北風蕭蕭霜雪苦松枝栢枝心併怒前有咆熊後乳虎脩竹嬋媚啼日暮湯家有女瓊瑤瑛夜半捫天天欲僵丹山獨飛孤鳳凰昔為繞指柔乃是百鍊鋼嗚呼歌音歲歲傳魯梁

何習讓妻王氏 浙江通志 年二十三而寡守節三十年七年具題

郭民效妻呂氏〈浙江通志〉年二十歸郭夫病瘵及革謂氏曰父母生我一人我死誰供子職氏泣曰倘不幸子職即婦職也夫卒氏年二十五事舅姑及庶姑養生送死無遺憾立繼以續烝嘗守節四十八年九年具題

蔣義妻孫氏〈浙江通志〉年十八歸義二十五而寡孝事舅姑教子具有法度性好施里人有代客貿布而失之者將鬻其子以償氏出貲以全其父子鄉黨稱之曰義守節三十二年九年具題子奕良太學生

孟德名妻應氏（浙江通志）年十六歸孟二十一而寡子女幼氏事翁姑孝姑患腹疾氏懷兒侍藥巾裙廁牏躬自澣滌舅姑卒力營喪葬子夭繼姪爲嗣守節三十五年九年具題

酈鼎銘妻錢氏（浙江通志）年十九適酈二十而寡無子子猶子女適袁文潤亦早孀依母以居氏偕女靜坐一室跬步不離守節三十七年九年具題繼子惟仁惟學皆太學生爲建坊立祠於邑城西門內墓側

壽貞女（浙江通志）名鳳姑許字謝世琮未婚世琮

卒氏請於父奔喪守制三年父母迎歸於家有勸之他適者氏斷一指爲誓守貞三十九年九年具題

葛蕃妻濮氏（浙江通志）年二十八而寡事姑撫子夫兄欲奪其志截髮毁容以死自誓十年具題

趙次範妻周氏（浙江通志）年二十三而寡事姑撫子十一年具題

周魁先妻徐氏（浙江通志）年二十七夫亡遺孤一氏事舅姑孝舅没事後姑益謹後姑疾侍湯藥衣

不解帶者歷寒暑不懈姑疾瘳而氏病不起守節三十年十二年具題

郭錦妻孟氏（浙江通志）錦官平陽教諭父年踰古稀不欲之子任所氏居家奉侍十餘載先意承志舅與夫相繼卒子卜地葬父氏恚曰爾祖未塋柰何先營爾父兆域乃分上下穴合窆焉十三年具題

以上皆奉

旨建坊旌表

貞孝 列女一之二

乾隆中

郭本澄妻趙氏題旌冊年二十二而寡守節三十六年元年具題

周乾圭妻施氏題旌冊年二十四而寡守節二十七年二年具題

何其倩妻朱氏題旌冊年二十五而寡守節四十七年二年具題

應含章妻孟氏【題旌冊】年二十二而寡守節三十
二年二年具題
何士鸞妻黄氏【題旌冊】年二十四而寡守節四十
一年二年具題
趙宏芳妻何氏【題旌冊】年二十一而寡守節三十
六年三年具題宏芳庠生
虞偉妻屠氏【題旌冊】年十六歸偉偉故一子尚孩
氏支持門户八十六而終三年具題
斯棟妻石氏【題旌冊】年二十二而寡事姑以孝訓

孫成立守節四十七年三年具題棣太學生

郭本治妻陳氏題旌冊年二十二而寡守節三十八年三年具題

虞采章妻阮氏題旌冊年二十而寡刲股療姑鬻釵葬舅繼伯氏子旻建為嗣守節三十二年卒三年具題

俞文茂妻李氏題旌冊年十七夫故守節四十九年三年具題子明會太學生

陳洪浚妾高氏題旌冊年二十三而寡守節三十

九年四年具題

蔣暉妻孫氏 題旌冊 年十八歸暉閱九年暉故氏奉養舅姑撫男育孫壽至八十歲而終四年具題

暉庠生

毛凝愷妻馮氏 題旌冊 年二十五而寡守節三十

六年四年具題

陳賦妻郭氏 題旌冊 年二十四歲而寡守節三十

二年四年具題

宣氏雙節 題旌冊 殉難湖廣都司宣德仁孫鉞年

十九廕襲未仕而卒娶婦楊故永寧縣知縣楊戒女婚二年寡生子濤年十七爲娶婦駱婚二年亦寡未有子婦姑一室煢煢無依其後繼巨源從父弟湧之子文黼爲嗣守志皆四十八年而卒楊四年具題駱十年具題文黼邑庠貢生

俞安公妻樓氏（題旌册）年二十四而寡守節三十五年卒五年具題

趙國奇妻陳氏（題旌册）年二十七夫故守節閱家卒年七十有七氏有女弟適酈寡而無嗣貧不能

自存氏迎之終老亦以節稱五年具題國奇庠生子宗羲考授州同

蔡世昌妻沈氏〔題旌册〕年十七適世昌時舅已歿寡姑曹氏老而病氏事之甚謹越二年氏年十九世昌疾歿無子世昌兄世法舉二子一已出繼氏無可繼者亦越二年世法復舉子曰天禧氏乃抱褁血兒鞠爲己子以長以教俾至於成人守節四十六年年七十而卒五年具題子天禧孫明昇明昱皆太學生

蔣義雲妻徐氏〔題旌册〕年二十而寡守節五十一

年而卒五年具題

趙氏婦黄貞女〈題旌册〉貞女横山黄姓父運晟幼字獨山趙氏子學溥未娶而殁訃至含淚請諸母欲齊衰赴吊不可遂以所服白練衫付使者令殉於棺姑黄氏貞女於母黨爲諸姑會其歸寧相持泣甚哀姑亦稔知其意欲與俱歸以少孤母氏相依爲命乃終養十三年卒歸於趙既歸孝事舅姑告於廟繼兄公子毓晟爲後復不幸夭娶婦胡有孤兒名曰縣方貞女未歸趙議婚者時至輒引刀

自裁曰吾將見趙氏於地下吾何惜一死及歸子又死人謂貞女且以死繼之貞女曰天不祐趙氏之後乎趙氏尚有孫吾將見趙氏於地下吾奈何乎死其後卒撫孫成立孫母胡亦貞且孝海枯天悶影隻形單數十年之死靡他如一日後貞女年五十有九孫子孫以事聞六年具題孫邑庠廩生

〔徐廷槐貞女贊〕山高五嶽水深四瀆濟截衆流揚清激濁此山命名生是使獨幽蘭自芳生於空谷仰茲貞操去天一握

袁佑啟妻黄氏〔題旌冊〕年二十一而寡守節三十

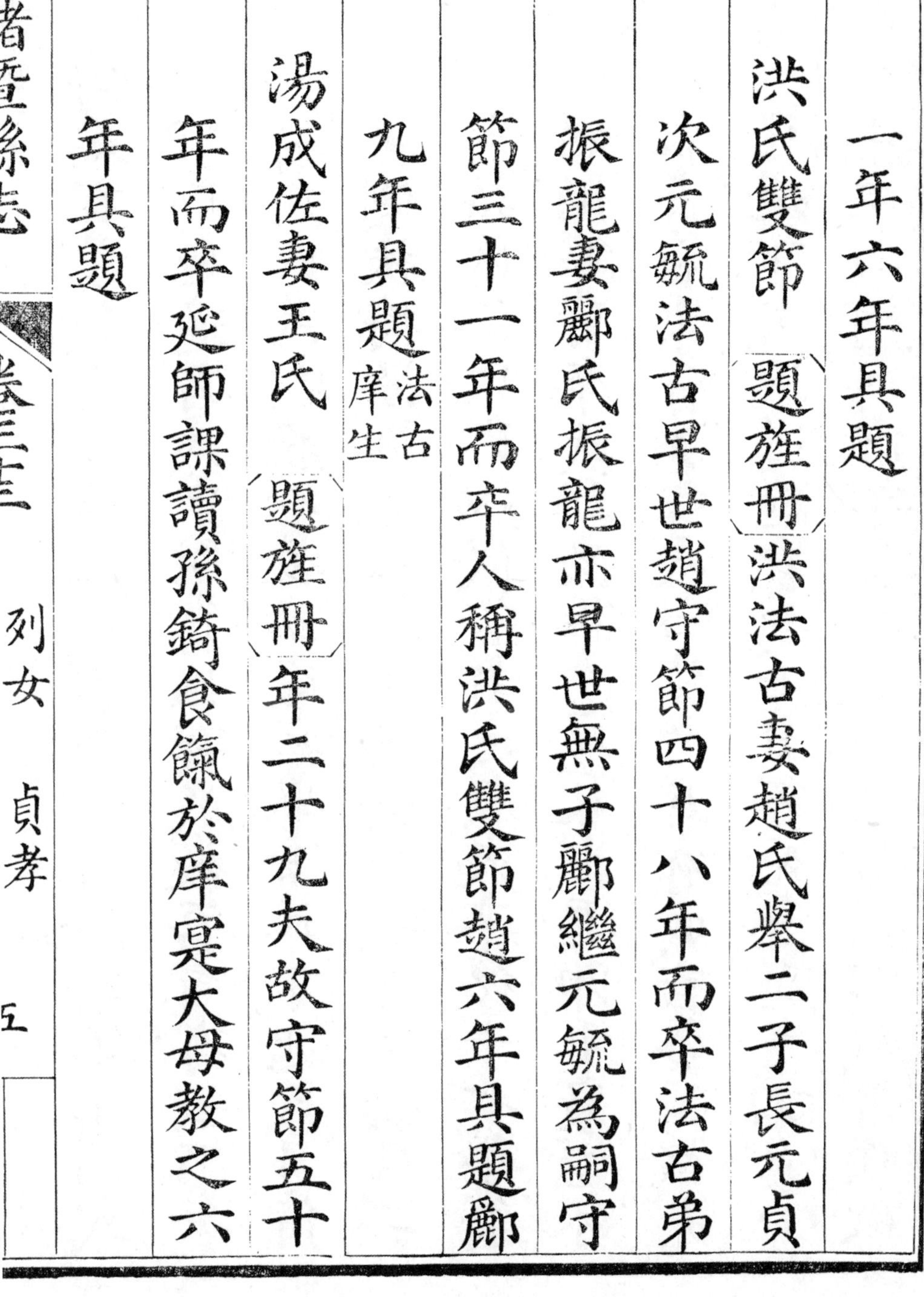

一年六年具題

洪氏雙節〈題旌冊〉洪法古妻趙氏舉二子長元貞次元毓法古早世趙守節四十八年而卒法古弟振龍妻酈氏振龍亦早世無子酈繼元毓爲嗣守節三十一年而卒人稱洪氏雙節趙六年具題酈九年具題法古庠生

湯成佐妻王氏〈題旌冊〉年二十九夫故守節五十年而卒延師課讀孫錡食餼於庠寔大母教之六年具題

傅瑞有妻俞氏（題旌冊）年十六歸傅期年而孀或有勸他適者氏曰俟翁姑百歲後吾自有去所矣翁病氏為割股以救姑復病癱七年不起氏日侍寢側扶持搔抑歷七年不懈初夫彌留時念及二親持氏泣氏即以代終許之及夫卒後十七年翁姑相繼皆卒氏辦喪畢送柩入土返即更裒盥沐衣青衣衆皆怪之氏曰往者業有成言今將報夫於地下矣氏遂絕食越七日不夗息奄奄不食口中但曰呵呵亦不食隣嫗憐之乃共以鐵箸強啟

其口飲之水寔米汁也氏復甦乃言曰死固有所夫死死為得夫死翁姑在不死為得夫死翁姑死奈何求死不得自分必死然且必以自經死赴水服鹵死即恐毁傷髮膚非孝也自惟惟餓為得死所諸姑愛我乃益之苦耳言已并飲絶之竟不食其族人年長者皆衣冠集於庭越數日猶視十有四日乃瞑七年具題

阮國麒妻李氏 題旌冊 年二十七而寡守節二十七年七年具題

邉永裕妻王氏（題旌册）年十七而寡守節二十九年而卒七年具題

劉氏雙節（題旌册）劉獻妻楊氏年二十五而寡無子繼叔氏子天章為嗣娶蔡氏年二十二亦寡敬事兩姑力瘏三喪皆如禮楊年九十一而終蔡年八十四而終俱八年具題曾孫大受庚辰舉人

樓大華妻章氏（題旌册）年十九而寡生子甫十月氏撫以成立孫苦特甚八年具題後年八十五以壽終

石帝建妻駱氏（題旌册）十七結褵十九守志三十

六全貞寒暑一樓以鍼黹度日不下梯者十七年

八年具題

阮安公妻裘氏　題旌冊年二十七而寡撫遺腹訓以義方守節二十四年九年具題

余曾禮妻朱氏　題旌冊故詹事府少詹提督順天學政朱阜女孫世席榮膴父母乃贅禮於家禮以喪父哀毁滅性氏歸余遂不起無子氏為繼兄公銓子志良為嗣由會稽縣詳報九年具題志良邑庠貢生

蔣緒周妻鄘氏　題旌冊年二十六而寡守節五十

三年卒十年具題

詹有義妻趙氏　題旌册年一十三而寡守節五十

九年卒十一年具題

駱肇溢妻樓氏　題旌册年二十三而寡守節三十

九年十一年具題

趙宏勲妻陳氏　題旌册年二十一而寡守節三十

七年十一年具題

酈京妻陳氏　題旌册年二十五而寡守節二十六

年十一年具題

虞靜安妻高氏題旌冊年二十一而寡守節二十三年十一年具題

張鴻猷妻楊氏題旌冊年二十六而寡藐孤二及長娶婦相繼俱夭一室三孀孤苦尤甚守節四十一年卒十一年具題鴻猷庠生

余曾祚妻蔣氏題旌冊故原武縣知縣蔣爾琇曾孫女及笄歸祚祚母病祚祈以身代母愈祚遂亡氏矢志守貞撫孤成立由會稽縣詳報十一年具題子炳己酉舉人

陳聲九妻蔣氏題旌冊年十九而寡守節四十八年十二年具題聲九一名鳳鳴

趙凱妻壽氏題旌冊年二十五寡守節五十二年而卒十二年具題凱太學生

駱敦五妻樓氏題旌冊年二十歲而寡守節四十二年十三年具題

姚際堯妻樓氏題旌冊年二十五而寡守節三十九年十三年具題

余文生妻方氏題旌冊年十八歸余甫四載寡氏

育子娶婦子婦亦早世復撫孫成立年五十九而卒十三年具題孫學御太學生

呂國祥妻壽氏題旌冊年二十四而寡守節四十年十四年具題

俞氏婦孫貞女題旌冊氏字俞士茂爲室年十五以夫病歸俞夫少氏二年舅姑命以姊弟相呼侍病三載未及成婚夫故氏矢志守貞終身縞素勤紡績以佐薪水鬻簪珥以備晨羞夕膳之需先意承志克盡孝養已乃繼姪汝琊爲嗣卒年四十有

一十五年具題

屠燕芳妻朱氏　題旌冊年二十三而寡守節三十三年十六年具題

酈元進妻金氏　題旌冊年二十四而寡守節四十一年十八年具題

蔣志周妻鍾氏　題旌冊年二十一而寡守節四十四年十九年具題

傅方城妻楊氏　題旌冊年二十二而寡守節五十六年十九年具題

袁紹唐妻余氏 題旌冊 故惠州府知府余毓浩女孫及長歸袁氏子紹唐生子淇未幾紹唐即世淇生衹旬有三日耳婦人免乳大故十死一生方紹唐病劇時氏正免身然湯藥必親服勞如常日既寡貞而能惠辛未歲饑氏捐賑二百金以子淇議叙入貢守節三十一年卒二十年具題

周元士妻樓氏 題旌冊 年十八歸元士婚七年元士即世元士父母及王父母皆在氏於養生送死皆無憾元士有遺孤及季弟皆幼氏左乳孤右乳

季撫養維勤既而為子娶媳復夭遺二孫氏復撫之有成年六十七而卒二十年具題子天國鵬飛皆庠生

湯有来妻楊氏

〔題旌冊〕年二十一夫故事寡姑胡垂三十年甘旨無缺每嚴冬徹夜力作至十指血裂姑察知之氏益銷聲匿跡秘不使聞遺孤月餘未幾復夭後乃繼叔氏彰有子懋訓為嗣氏年已五十有一二十一年具題

郭本沂妻樓氏

〔題旌冊〕年二十三而寡守節三十年二十三年具題

楊邦達妻駱氏　題旌冊年二十五而寡守節四十四年二十三年具題

戚元祥妻韓氏　題旌冊年二十四而寡守節三十一年二十三年具題

宣正冠妻樓氏　題旌冊年一十八而寡守節三十三年二十四年具題

何家騶妻湯氏　題旌冊年二十一而寡守節三十八年二十四年具題

蔡方濺妻黃氏　題旌冊年十九歸蔡夫故無子繼

伯氏子鳳梧爲嗣守節四十三年二十四年具題鳳梧國學生

樓元亮妻鄭氏題旌冊年二十七而寡守節四十四年二十四年具題

樓可覩妻酈氏題旌冊年十九而寡無子繼叔氏可覩子以仁爲嗣二十五年具題以仁太學生

胡大震妻徐氏題旌冊年二十三而寡守節四十九年二十六年具題

石上進妻湯氏題旌冊年二十五而寡守節四十

八年二十六年具題

趙學禮妻周氏 題旌册 年十九歸學禮未四載學禮故無子氏爲繼兄公學義子明遠爲嗣姑陳老病期年不起氏躬藥餌閱寒暑不稍懈孀居四十年年六十有三卒二十六年具題

樓墨林未婚妻朱烈女 題旌册 二十六年具題詳見樓墨林傳載孝友

石德悳妻徐氏 題旌册 年二十五而寡守節二十九年二十七年具題

侯魯禽妻陳氏題旌冊年二十二而寡舅姑俱逝世叔氏幼氏撫養成立氏無子繼叔氏子詩偉為嗣守節五十年二十七年具題

壽景弢妾劉氏題旌冊年二十七氷守二十八年具題景弢子懋堯俱庠生

俞汝相妻蔣氏題旌冊年十七歸俞事舅姑以孝聞俞世遊庠舅氏濙公遺汝相應院試遘疾歸遂即世氏年十九遺孤龍文生甫匝月氏號慟將以身殉舅姑諭以撫孤乃止未幾舅卒辦喪如禮姑

病手撫痛處歷晝夜至五十餘日不輟姑卒竭力
營葬皆無憾氏治家有法親黨則之守節三十餘
年二十八年具題

樓嘉謹妻周氏　題旌册年二十三而寡終養舅姑
植遺腹守節三十年而卒二十八年具題

柴兆華妻諸氏　題旌册年十九歸柴二十七失偶
守節三十七年年六十有四二十九年具題

王棟妻陳氏　題旌册年二十一而寡守節三十年
二十九年具題

郭本潤妻金氏　題旌冊年二十二而寡守節四十五年二十九年具題

張素妻陳氏　題旌冊年二十八而寡守節五十年二十九年具題　素庠生

傅氏雙節　題旌冊傅廣行妻陳氏年二十一歸傅五年而寡子正衡方在抱廣行姪莘來妻蔣氏年二十二歸傅三年而寡生子甫旬餘蔣以節自矢因命之名曰節皆青年守志白首完貞並三十年具題　正衡太學生節庠生

陳敬心妻邵氏〔題旌冊〕年二十一而寡守節七十年而卒三十年具題

蔣攀麟妻馮氏〔題旌冊〕山西道御史勸女孫象山訓導三立子婦也年十九歸攀麟二十二寡守節三十五年卒氏寡君舅在年八十有四君姑在年亦邁氏能曲盡孝養遺腹生子玉度督之甚嚴卒能有成三十年具題（攀麟太學生子玉度庠生）

毛敬與妻湯氏〔題旌冊〕年二十二而寡守節三十三年三十一年具題

何瑞雲妻宣氏　題旌冊年二十四夫故逮事舅姑克盡孝敬遺子曰初生甫八月撫之成立守節五十三年三十二年具題宣年八十二歲健在曰初太學生

顧氏三烈　浙江通志顧英奇妻石氏年十五歸英奇逾年而寡舅姑勸改適不許躬紡績以供甘旨其娌姚氏顧綱四十八未婚妻也幼育於顧與石氏寢處一室相歡如同産順治三年土寇竊發石年甫十八姚年十四度勢不能保約與俱死婢秋桂亦慷慨願從一日寇猝至三人相抱同赴三江

□磨心潭虼秋桂年十五姓蔡題旌冊三十二年具題

駱廷相妻樓氏題旌冊年二十而寡守節三十五年三十三年具題

孫氏婦丁貞女題旌冊字月嫱太學生丁汝霖女幼字孫氏子有親甫笄有親以暴疾夭有富家遣女儈求婚貞女痛哭仆地截髮以誓父曰若果能師孟子溫我當築柏樓以成若志遂許歸孫氏養姑貞女事姑如母偕姒居婺冰心同執閱二十年

姑卒姒娣三人一貞二節與視含殮僅存猶子相繼云亡貞女乃大慟曰所忍苦不即死者冀有後也今乃無一人奠麥飯者若敖之鬼不其餒而竟鬱鬱成疾賫志以歿三十三年具題

余紹曾妻壽氏（題旌冊）貢生國棟女年十九歸紹曾四年而寡紹曾無子繼叔氏紹堂子鏞為嗣三十四年具題

壽名寵妻陳氏（題旌冊）年二十二而寡守節三十一年三十四年具題

吴瑞景妻斯氏題旌冊年二十七而寡守節三十五年而卒氏歸吴為冢婦率娣姒事舅姑以孝聞子二長樹增次樹本氏延師以教督課甚嚴三十五年具題樹增樹本皆太學生

黄居怡妻郭氏題旌冊年十九歸居怡居怡病瘵五年氏躬侍藥餌五年遂寡居怡有父母在每晨昏問視氏必隱其戚容不以傷舅姑心居怡無子氏為繼伯氏子三捷為後已入學為諸生未幾又故孫夏書在襁褓中氏與子婦毛復教育以成其

材後亦入學爲諸生人謂氏能以婦兼子以母代父三十五年具題

趙御璉妻應氏題旌冊年二十四而寡守節三十五年三十五年具題子惟漢太學生

余桂昉妻朱氏題旌冊年二十五而寡守節四十三年三十六年具題

余光宗妻魯氏題旌冊年十九而寡守節三十六年三十六年具題

斯日魁妻周氏題旌冊年十八于歸二十二夫故

遺腹生子元禮篝燈課讀訓飭未嘗少緩舅姑年老氏承歡養志甘脆無缺舅没事姑益篤撤帷伴寢未嘗少離守節三十二年三十六年具題元禮太學生

陳宏先妻何氏題旌冊年二十歸陳越四載夫故氏截髮納諸夫柩以自矢姑老子在襁褓以事以育惟氏是賴三十六年具題

郭聖安妻鄺氏題旌冊年二十五而寡守節三十一年三十六年具題

徐正暟妻孫氏題旌冊年十八而寡守節四十一年三十六年具題

錢宏章妻吳氏題旌冊年二十七而寡事姑撫兒苦節終身三十六年具題

屠氏婦李貞女題旌冊貞女姓李氏方齓父聖祚以字同里屠氏子天端天瑞家貧衣食於奔走旋客死西粤母老無所依復以喪子故病痿日夕僵卧貞女聞之欲絕即矢志守貞乃請於父欲歸屠事姑父方猶豫則徑奔姑所拜於牀下父踵至勸

之返不從竟為屠氏婦屠氏家故貧其鄉人比户皆貧貞女女紅無所易無以養姑乃以帛蒙首入山刈楚伐枚或負鏕墾山佈植手紋龜裂血斑斑染衣裙間艱苦備嘗如是者三十餘年姑卒扶櫬合葬先舅墓更於旁作虛壙以自為地曰余故屠氏婦也其後家始稍稍給繼從子義先為嗣以承祭祀復二十餘年貞女卒年六十有九三十七年具題（知縣沈椿齡看語）綵繩初繫未賦桃夭綠髮將笄旋聞鏡破痛終身之失望誰適為容悲邁姑之無依於焉苟活華齡弱質心同胥井之波夜雨秋風淚盡湘川之血為親營葬婦乃兼兒猶

子承祧母而且父洵為貞操孝行兩
盡無虧允宜　題獎垂光風行當代

宣孝婦黄氏　題旌冊孝婦黄氏年十九歸宣貴隆
生三子貧甚貴隆出為人傭得值無下農息孝婦
日事女紅夜乗月影紡績衣食多資其手有老姑
夙患積瘕既而雙目復瞽孝婦進湯藥侍起居曲
盡孝養人無間言乾隆三十三年三月十七日其
隣人不戒於火灶突炎上時孝婦家無餘粒適稟
命向外稱貸廻望烟起即奔回姑已急不得出火
光燭天孝婦直入烈燄中救姑三子者皆幼牽裾

環泣不顧卒與姑俱死及貴隆聞變來歸火始撲滅收兩屍孝婦尚以雙手挽姑牢不可解遠近聞者皆嘆息傳頌之三十七年具題

知縣沈椿齡看語生長窮簷夙嫻婦道力貧夜績常分東壁之光諳性為㜲婉侍北堂之疾無何徙薪乏客禍及茅廬蹈火援姑命戕田祿非宋伯姬之待姆竟爾同焚類曹孝女之尋屍此為尢烈洵宜請　奬潛慰幽寃俾得覯摩

羣欽

奇孝

徐汝呈妻黃氏題旌冊年十九于歸二十六喪偶卒年七十有八守節五十二年先是姑陳氏年二十三守節歷六十餘年而卒黃奉姑克孝繼志完

貞人稱雙節子若孫垂訓甚嚴人文於今為盛三十七年具題

以上皆奉

旨建坊旌表內三十七年者現在具題俟　旌

姚大彰妻徐氏題旌冊年十九于歸二十而寡婚僅八月矢志守節家貧姑老多疾氏親紡績供膳及喪葬具禮叔氏年方十二撫之成立長子元升繼之承祧守節三十一年三十七年具題奉

旨建坊旌表元升廪生現在具題俟　旌

蔣六穀妻傅氏　蔣公安婢趙氏　柴克恭妻石氏

張府憲檄傅氏年十八歸蔣六穀三年而寡勤女紅以養姑繼嗣娶婦垂十二年傅初誓以姑亡殉夫及姑卒喪葬皆畢竟赴水而死趙氏蔣公安妻從婢也公安及妻早世趙爲行乞以育孤兒至老不嫁又比近有石氏者柴克恭妻年十八夫故守節六十三年八十而卒皆舉人蔣五權請錄入志

駱氏婦樓貞女

公舉事實故贛邑知縣樓桂女幼字同邑駱志尹志尹隨父之廣西桂平登廣西辛

夘鄉薦未婚物故樓請於父歸駱繼伯氏子維蛟
為嗣迎志尹柩歸葬并迎志尹生母陳歸里終養
遂以貞女終其身

何氏婦周貞女（公舉事實）貞女幼字何宗濂宗濂
病貞女歸何未婚宗濂物故貞女矢志守貞孝養
舅姑歷四十餘年而卒學憲李　奬

吴氏婦斯貞女（公舉事實）貞女父應箕許配吴文
謨為室文謨出亡貞女十年不字既而文謨弱弟
復夭吴氏無嗣貞女乃請歸於吴贊舅納妾復生

二子貞女佐姑撫之有成及生子貞女遂繼之爲

文謨後歷三十七年而卒學憲周　奬

謹按暨多節婦未經具題者尚以百計格於例不能悉載貞女無多特備錄之

郭方岳妻李氏據節孝祠神位載入題旌年月未詳

何友忱妻楊氏由山陰縣具題於乾隆十九年移入諸暨領銀建坊

樓培本妻魏氏　年十七夫亡守節三十四年

魏嘉言妻陳氏　婚八月夫亡守節三十一年

翁德博妻陳氏　年二十二夫亡守節三十一年

郭廷魁妻蔣氏　年二十二夫亡守節三十年

以上四氏於乾隆三十七年十月呈請具題俟旌

名媛 列女二

周

西子〔蔣一震西子傳〕西子姓施氏名夷光世居諸暨縣之苧蘿山下山離縣五里今在城南門外施有東西兩村光居西故稱西施父鬻薪母浣紗今山邊有方石傳是施浣紗石也（出輿地志十道志）母嘗浴帛於溪石明珠射體感而孕又夢有翠雞五色自空而下久之化為鶉飛去遂生焉（出翰府名譚）有殊色嘗病心而矉於里蘭麝芬芳人皆羨之隣女慕焉

人皆憎之其嬌艷如此出莊子列子抱朴子越王句踐即位三年興師伐吳戰於五湖不勝棲於會稽用相國范蠡謀卑辭尊禮玩好女樂令大夫種行成於吳先飾美女八人納之太宰嚭曰子苟能赦越國之辠又有美於此者將進之嚭因說吳王許之申胥諫不聽卒赦越出國語三年越王歸自吳臥薪嘗膽謀所以滅吳者求天下奇寶美人異味以進於吳得陰峯之瑶古皇之驥湘沅之鱓出拾遺記越王謂種曰孤聞吳王淫而好色惑亂沈湎不領政事因此

而謀可乎種曰可夫吳王淫而好色宰嚭佞以曳心往獻美人其必受之越王曰善乃使相者得苧蘿山鬻薪之女曰西施鄭旦越王飾以羅縠教以容步謂東垂僻陋恐女樸鄙因近大道居築土城周五百九十步陸門二水門一內建美女宮以教習之三年學服而獻於吳使范蠡進曰越王句踐竊有二遺女越國洿下困迫不敢稽留謹使臣蠡獻之大王大王不以鄙陋寢容願納以供箕箒之用吳王大悅曰越貢二女乃句踐之盡忠於吳之

證也申胥諫曰不可王勿受也臣聞賢士國之寶美女國之咎夏亡以妹喜殷亡以妲己周亡以褒姒吳王不聽遂受之出吳越春秋越絶處於椒花之房貫細珠以為簾幌朝下以蔽景夕捲以待月二人當軒並坐理鏡靚粧于珠幌之内竊觀者莫不動心驚䰟謂之神人吳王目之若雙鸞之在輕霧沚水之漾秋蕖出拾遺記而寵媚西施尤甚擇虞山北麓以石甃城為遊樂之所出吳地志又築姑蘇之臺三年聚財五年乃成周旋詰曲橫亘五里高見二百里崇

飾土木殫耗人力宮妓數千人上別立春宵宮為長夜之飲造千石酒鍾又作天池池中造青龍舟舟中盛陳妓樂日與西施行樂歌舞為水嬉出吳越春秋越絕拾遺記又於靈巖山作館娃宮以消夏西施洞響屧廊香水溪皆在焉出姑蘇志西施嘗浴於香水溪人呼之為脂粉塘故溪上源至今馨香出稗海又開百花洲錦帆涇或鼓棹而游或採蓮為樂出雜記妖蠱既深荒於國政大夫種謂越王曰臣觀吳王政驕矣請貸粟以卜其事吳王不聽申胥諫曰王不聽

吴其墟乎嚭數與胥爭越議因讒胥怨王將為亂賜屬鏤劍以自殺盛以鴟夷胥令取眼置東門以觀越兵之入於是吴任嚭政北會諸侯於黄池精兵從王惟老弱與太子友留守越乃發習流二千人教士四萬人君子六千人諸御千人伐吴師敗殺吴太子告急於王懼天下聞秘之已盟黄池使人厚禮以請成於越越度未能滅吴乃與吴平後四年越復伐吴至於五湖大破之留圍三年吴師敗復請成不許范蠡郤王孫雄擊鼓興師至於姑

蘇之宮遂滅吳（出史記國語吳越春秋）施與旦乃逃吳苑越軍既入見二人在竹樹下皆言神女望而不侵（出拾遺記）蠡知之獨取西施反至五湖乘輕舟浮五湖而不返蠡自號鴟夷子皮浮海出齊三徙成名而西施不知所終云（出國語史記雜記）

紫巖外史曰余嘗考郡邑志苧蘿山一在諸暨縣之陶朱鄉南去縣五里臨浣江江中有浣紗石一在蕭山縣之苧蘿鄉濱錢清小江有西施廟而無浣紗石遂以西子產於蕭山而說者又以蕭山為

諸暨析置舊名餘暨苧蘿之屬蕭山蓋在析縣之時為志者失考故起而兩存之非也兩山相距踰百餘里暨載地有西施灘西施門西施坊西施湖則又不特苧蘿之有浣紗石也況浣紗二字右軍之題識尚在耶然蕭志何居蓋浣江即浦陽江水之故道繇麻溪經錢清入海越王棲會稽即今越王崢也逼近錢清西施從麻溪入越今麻溪有浴美施閘相傳西施將見越王沐浴於此故名焉則凡所謂苧蘿鄉紅粉石西施廟皆因西施經歷而

得名亦猶越王還自吳越人喜而迎之遂呼其途畔之山為王還山之類今山陰有若耶溪而錢清亦屬山陰特地與蕭山接界西施從此入越又從此入吳當時紀其踪跡因竊其芳名耳則施之世居諸暨有斷斷無疑者魚元機所謂只今諸暨長江畔猶有青山號苧蘿也不然蠡非暨人陶非暨地而范時未更朱何暨有范蠡巖陶朱山陶朱鄉鴟夷井且祠而尸祝之也蓋越王追崇蠡功命以良金寫其狀而朝禮之環會稽三百里為奉邑則

暨或隸焉故會稽者越之總名陶朱鴟夷則後人食其德而表之以誌不忘者也又吳越春秋逸篇云吳亡後越浮西子於江令隨鴟夷以終楊升菴曰浮沉也反言耳子胥之譖死西子有力焉沉之所以報子胥之忠蓋以鴟夷為子胥之鴟夷而為是臆說耳胥嘗讐施不應令隨以終如反浮為沉則國語載范蠡浮五湖亦將反言之耶不知吳有三江五湖吳越春秋亦云蠡出三江入五湖而不返則其浮於江與浮於湖記者特為互言之又何

起於同浮之説杜牧詩云西子下姑蘇一舸逐鴟夷東坡詞云五湖問道扁舟歸去仍携西子此足徵矣然蠡曷載之以往鶴林玉露曰懼其以蠱吳者蠱越忠臣晦迹以成其君此論已足千古而後世遂斥為亡國之妖甚拈溪紗訂合一段公案其與王軒魔語何異然余所起者國家興廢天也女戎破敵從來有之聖如文王亦以色媚君求遂其志况智謀之士哉而何吳越之事祇令太息且西子在吳一寵娟耳其語言行事絶少記載能聲施

到今自村童野老以至學士大夫無不津津口芬者此曷以故豈當世習於陰符不但種蠡計倪諸人雖女子之微亦有得其傳以用圖不朽不以告人人亦莫能知者在耶噫是未可深言矣

〔李映碧跋〕此可當夷光一部年譜然考之別史尚有一二未載者一云西施越之美女欲見者先輸金錢一文又一云嘉興縣南有女兒亭句踐令范蠡取西施以獻夫差西施于路與范蠡潛通三年始達於吳遂生一子至此亭其子一歲能言因名女兒亭又一云吳王與西施嘗作鬬百草之戲故劉禹錫詩云若與吳王鬬百草不如應是欠西施皆是傳所偶遺也夫越之貢吳必有歲月可稽何得延至三年若云與范蠡潛通先生一子則當入吳宮後豈真內視三日肉肌盈實如飛燕之餌成

帝耶至所云陶朱公長子無乃一歲能言之兒而乘堅驅良之少弟則又西施幼子耶但不知自越適齊居陶此時西施尚無恙乎否也吳長卿云夫婦人蹤跡之怪莫過乎西施王嫱然王嫱猶有黄昏青塚明滅于斷煙荒草間至西施者遂如雲中之鶴令人覓其首尾不得鄙哉張麗華楊玉環之流也亦負傾

國名哀哉

閨秀 列女三

毛西河云詩未及閨秀此猶文選取班姬玉臺載徐淑也所刻西河全集附載徐都講詩一卷有小序因節錄以

爲徐昭華傳

徐昭華

西河集徐都講詩小序徐都講者女弟子徐昭華也昭華字昭華始寧人其尊公仲山君與

予同名試益都相公三薦於
帝座前其大父則大司馬亮生公也若其母太君則為
商太傅女有詩集予郡閨中能詩者首推商氏祁
忠敏夫人與太君為同父兄弟忠敏夫人名景蘭
太君名景徽忠敏夫人與子婦張楚纕奕慶配朱趙
璧奕喜配女湘君四人詩已流播海內但皆片鸞隻
鳳僅見他選中不得全炙其後繼起則昭華與商
氏雲衣即太君之姪極稱振作而雲衣又亡惟昭華曾
璽光巋然獨存昭華才實高下筆都利如逕林秀樹使人彌望不能卻以方前人弟

不知與實溷妻頡頏如何其他則負此多矣昭華壻諸暨駱生加采善文陳檢討序云問其桑梓千春西子之鄉詢彼絲蘿四傑駱丞之壻陳檢討序全載藝文

吳寶崖題詞畧曰昭華自就聲律輒慕毛萇頻吟瀨上之詩深惜蘆中之士臙脂花落賦麗句以踟蹰潦水潭空學清吟而婉轉已乃播諸人口疑是贋成請嚴父以致詞乞名賢而親試齊梁艷體宛若芙蓉庾鮑佳言曾非金粉拈花欲笑風神誇范靖之妻搴幔生寒悽怨壓孝標之妹然後畫銷舊感共嘆天人而昭華文湧如泉懷虛若谷益復傾心受業稽首稱師都講才人隅幔謁扶風之座內家學士及門效立雪之徒時則屏障畫餘蝶翅飄香而不散緘題寄處鼠鬚落紙以如飛傳出箧前更驚座客

〔詩話〕錢塘吳寶崖與家驥聯作西湖竹枝詞每人百首自以為窮極工巧及觀徐野君所選竹枝有閨秀一首即徐昭華詩二人一見遽毀已作且謂鐵崖亦未曾有今驥聯百首已刻而復弃為是也

胡淨鬘〔池北偶談〕近日閨秀如胡淨鬘陳洪綬妾草蟲花鳥皆入妙品〔曝書亭集〕陳洪綬妾胡淨鬘亦能畫花草

謹按淨鬘一妾耳而王阮亭朱竹垞兩先生皆錄之其名盛一時乃爾

諸暨縣志卷三十四

仙釋

安期羡門與金仙象教有無未可知太史公謂道儒必相絀而近世士大夫往往竄入二氏而顛為之尸勤而無所將安用之雖然恢恑憰怪道通為一此非二氏之奇而道之奇也自范史始立方術傳姑取其寘心獨往蟬蛻一切者以為世之齷齪者藥雖毒何嘗不與青芝同功有產於暨者有不產於暨而仙於暨釋於暨者備錄而存之志仙釋

三國吳

干吉〔江表傳〕時有道士琅邪干吉先寓居東方〔萬歷紹興府志〕干溪吳干吉所居往來吳會立精舍燒香讀道書制作符水以治病吳會人多事之策嘗於郡城門樓上集會諸將賓客吉乃盛服杖小函漆畫之名為仙人鏵趨度門下諸將賓客三分之二下樓迎拜之掌賓者禁呵不能止策即令收之諸事之者悉使婦女入見策母請救之母謂策曰干先生亦助軍作福醫護將士不可殺之策曰此子妖妄能幻

惑衆心遠使諸將不復相顧君臣之禮盡委策下樓拜之不可不除也即催斬之縣首於市諸事之者尚不謂其死而云尸解爲搜神記策欲渡江襲許與吉俱行時大旱所在熇厲策催諸將士使速引船或身自早出督切見將吏多在吉許策因此激怒言我爲不如于吉邪而先趨務之便使收吉至呵問之曰天旱不雨道塗艱澁不時得過故自早出而卿不同憂戚安坐船中作鬼物態敗吾部伍今當相除令人縛置地上暴之使請雨若能感

天日中雨者當原赦不爾行誅俄而雲氣上蒸膚寸而合比至日中大雨摠至溪澗盈溢將士喜悅以爲吉必見原並往慶慰策遂殺之將士哀惜共藏其尸天夜忽更興雲覆之明旦往視不知所在
裴松之三國志注案江表傳搜神記干吉事不同未詳孰是

南北朝

謝元卿

名勝志齊謝元卿會稽人好呼吸延年之術年近百歲精力不衰採藥至五洩溪忽遇仙女數人被服纖麗乃相視而笑曰子非謝元卿乎徐

引之登峻嶺至一處豁然平敞玉堂朱閣女云此

東華夫人所居也

唐

陳寡言（神仙通鑑）字大初越州暨陽人隱居玉霄

峯號曰華林天台科法有闕遺者拾而補之居常

以琴酒爲娛每吟咏未嘗加飾有劉介者字處靜

聞寡言之名遂就華林請教奉几杖香火幾二十

年盡寡言之道寡言將尸解謂處靜曰當盛我以

布囊置石室中慎勿以木爲也享年六十四後處

靜與葉蕆質應夷節為方外交久之將坐化以詩示其徒乃反真別有詩十篇今存天台道元院

元

陳嘉（於越新編）字志謨諸暨人文辭超邁每應舉主師必喜其文第以狂語見黜自號龍壇居士後為沃洲山道人尸解去（隆慶駱志）嘉應舉試成王壽考萬年有云花無百日紅人無千日好物尚如此人胡不老烏有萬年之壽考其佯狂不羈如此

明

酈元真〔王會新編〕諸暨人幼而異人能呼鬼神後則漸驅雷電嘗入厠中忘淨紙呼天將索淨紙將降以椎擊其頭頭遂爛然人家有病者每以爛膿入藥内服之即愈人皆呼爲酈爛頭至五十道益精或遇妖魅作祟者酈書一符焚之便雷電交震妖即現形死又稱爲酈真人〔兩浙名賢録〕宣德間過大部鄉宿農家其家無烟而火沙石從空中下元真書一符焚之即有大雷震一狐死自是怪遂絶〔章志〕值歲大旱三司延至省城禱雨甘霖立沛

頃見屋上皆魚鰕荇藻之物蓋西湖之水云

右仙

唐

寶掌禪師〈紹興府志〉當魏晉時自西域来中土居常不食惟服鉛汞而已一日示衆曰吾欲住世千歲今六百七十三年矣因號千歲和尚貞觀中周遊二浙至諸暨里浦山循山之陰林嶂幽聳中有石室名里浦巖頌云行盡支那四百州此中偏稱道人遊遂結茆以居宴坐十七年屈指一千七十

二歲語其徒惠雲曰吾將謝世以還丹授汝今諸

暨有寶掌巖

元儼（高僧傳）俗姓徐氏事富春僧暉證聖元年隸懸溜寺從光州岸師諮受具戒後詣上京遇崇福意律師并融濟律師咸䏻昇堂睹奧共所印可後還江左徧行四分因著輔篇記十卷羯磨述章三篇金剛義䟽七卷越邑精舍時稱法華晉沙門曇翼曾結菴山嶺儼乃建置戒壇招集律行晏坐不出幾三十載天寶元載十一月坐寂於戒壇院（紹

興府志元儼諸暨人開元二十六年恩制度人採訪使潤州齊澣迎師於丹陽令新度諸僧躬受戒具自廣陵迄於信安緇黃道俗受法者殆出萬人

慧忠國師釋氏稽古畧越州諸暨冉氏受六祖心印居南陽白崖山黨子谷四十餘年不下山肅宗聞其道行徵赴京居千福寺西禪院帝問師在曹溪得何法師曰陛下還見空中一片雲麼帝曰見師曰釘釘着懸掛着又曰如何是無淨三昧師曰還見虛空麼帝曰見師曰他還眨目視陛下否帝

領解至大歷十年十二月逝謚大證禪師

國朝雍正十二年奉

勑加封真實大證禪師致祭一次

神智禪師舊志少有貞操出家於雲門寺會昌中除佛法神智冠服從俗僧行無改大中初復爲僧遊至寶壽寺曰營延之魚潛於藪澤宜哉此處吾之藪澤也恒呪水盂以救百疾飲之多瘥號大悲和尚大中中入京兆時昇平相國裴公休預夢神智造之相見甚歡相國女迷於鬼神智持呪去之

遂請院額曰大中聖壽仍賜左神策軍鐘一口天后繡幢藏經五千卷

鑒真大師（隆慶騶志）天祐時雲居院僧貞明及宋治平閒皆敕賜院額呼爲喻彌院圓寂後人龕其身寺中禱無不應

宋

淨全（寶慶會稽續志）諸暨人姓翁氏甫冠即出家入徑山投大慧宗杲杲曰汝何能答曰能打坐曰打坐何爲全曰若問何爲直是無下口處杲遂知

其爲法器全生長田家樸野不知書一日集衆采椒全亦與焉同輩戲云汝試作一栟頌如何全即應云含烟帶露已經秋顆顆通紅氣味幽突出眼睛開口笑這回不戀舊枝頭衆皆嘆異〈紹興府志〉俄有旨度僧杲命給侍者十輩各探籌全得之九人者不平詐語杲令復探全再獲若是者三遂祝髮尚書尤袤寶文王厚之丞相錢象祖皆與爲方外交〈隆慶駱志〉全自號曰無用累興大刹最後住四明之天童開禧三年示寂

惟月〈紹興府志〉諸暨化城寺僧明律學日惟念佛一日有異僧来迎後二日微疾急呼同住道寧曰見阿彌陀佛高八尺立空中言訖而化

元

善繼〈獻徵録〉字絶宗諸暨婁氏子母夢神人授白芙蕖乃生始能言見母舉佛號合爪隨聲和之長客山陰靈秘寺窺三藏諸書歎曰欲求出世非釋氏將疇依投其寺僧思恭祝髪習天台教觀天歷己巳住良堵大雄教寺講金光明經至正壬午移

住天竺薦福甲子陞主天台能仁一夕集衆曰吾殆歸矣遂書偈而逝紹興府志作文明母姓王氏

允憲（隆慶駱志）號同菴正覺寺僧邑人阮姓名家子機鋒頴悟遊方至天竺一轉語合即留住一日丞相府祈雪集諸山緣覺推讓其先偈語有曰朔旦年年十二遭今朝添箇是明朝六花未剪銀河水星使傳香雜白毫老僧未免將龜毛拂子向神天顴頂上拂碎銀濤不顧一片兩片東飄西飄直教三千世界十二樓臺總是瓊瑤咦不妨壓倒梅

花老添得靈山數尺高賜緋還鄉里有語錄

明

榮休居士（隆慶駱志）姓魏字宗杲讀書勵行永樂間充稅户人材貢試刑部主事謝事歸遇雲水僧談禪理解悟晝朝趺坐時或兀坐草間如木偶人嘗自贊其像曰榮顯辭休致甘達生委化禪理叅三昧究竟無東無西無北無南因號榮休居士一日謂諸子曰有漏之軀欲作無漏扶我入龕中當衣我以薪如藁木死灰然毋與土壤螻蟻涵端坐

良久即瞑目踰五日儼如平生〔紹興府志〕嘉泰志述仙釋蓋首范大夫梅尉姑蘇都太僕穆嵩遇異人謂曰凡學長生者必于功名地馳驅數歲心乃死魏主事宗杲者非耶以此續鴟夷吳門之跡夫奚悖爲宗杲諸暨人

右釋

寺觀

有仙釋即有寺觀寺觀者仙釋之窟也巢由不聞買山而隱而錫飛杯渡要必擇名勝而居之有地傳以人者有人傳以地者亦所謂合之則兩美者矣暨爲山水之鄉而僧道占其最勝遠者數千年近者不下數百年由来已久兹故錄而存之以列諸仙釋之後志寺觀

寺

大雄教寺　嘉泰會稽志在縣西一里梁普通六年大智禪師建號法藥寺萬歷紹興府志在城中長山麓吳赤烏年間建梁普通間改名法藥寺唐會昌五年廢大中二年改報國後改今額寺中舊有琉璃井琉璃軒先照樓章志有銅佛殿

宋汪藻詩　暑雨倦行役依投得禪關空堂納清風坐見香霏還積水共天遠高僧與雲間傳聞扁舟人宿昔廬兹山建立風千載諸峯尚雲鬟當時大功成止在談笑間今豈無國士霞遊一何難憑高望行朝小雨猶班班

邑人姚寬詩　解榻無凝塵雲房愜幽素清寒薄衾枕微涼散庭户夢破流水聲鈎簾看

山雨時與靜者居爲擬湯休句

元州判黄溍先照樓詩　初日團圓出海東夌晨光照最高峯不知今日華嚴界樓閣先開第幾重

翠峯教寺　萬歷紹興府志　在大雄寺左長山麓唐天祐元年建初名浄觀院宋乾德三年改今額今廢相傳舊有藏經之殿四字唐皮日休所書殿後墨竹宋劉叔懷所畫又有范蠡祠鴟夷井俗云范蠡故宅也

宋范仲淹詩　翠峯高與白雲閒吾祖曾居水石間千載家風應未墜子孫還解愛青山

又贈幾公山主　陶朱山下雲霞深知音寂寞無絃琴如何一遇仙鄉客說盡無生了了心

上省教寺　隆慶駱志　縣南一里長山之麓吳赤烏三年建今廢

智度講寺　隆慶駱志　縣北二里月山唐景福二年建初名香積院宋改今額

明邑人袁貴誠詩　客至竹窻聽夜雨僧歸松徑掃晴雲

國朝

邑人余縉詩二首　蕭寺遊行四十年坐觀物態勝雲煙閒眠一榻真成覺偶對羣

峯總欲禪老去定僧輕似水近來茅屋小於船買山不藉支公券長嘯花間掛笠錢竹影松聲似昔年南谿雨後上炊烟藜床雖破猶堪卧羯鼓頻聞不廢禪水月空時誰面壁江山幽處乍歸船何人解得生公意餉爾齋厨億萬錢

崇法教寺〈隆慶駱志〉縣北一里鄺家山宋開寶四年建初名水陸院後改今額

接待教寺〈隆慶駱志〉浣江東晉咸淳二年建寺左有江東廟

永壽教寺〈浙江通志〉在縣南金鷄山之北梁大同二年建名延壽寺唐會昌中廢咸通十五年重建

名長壽，後改今額。相傳咸和中丹陽人高理浦中獲一金像，後有西域五僧至理家，云：「昔遊天竺，得阿育王像，至鄴藏河濱，夢感，謂吾東遊，為公所獲。」理驚，出像，五僧見之放光，勑送像藏於寺。

【宋王十朋詩】乘興忽來長壽寺，寺前流水汎悠悠。一林春色自啼鳥，兩岸夕陽空釣舟。楊柳堤邊聊悵望，石巖花畔且遲留。功名富貴終須在，莫向尊前嘆白頭。

法海寺【隆慶駱志】縣南三里金雞山，唐大中八年建，初名寶壽廨院，宋祥符元年改今額。

五峰禪寺【隆慶駱志】縣北五里五峰山，唐天祐元年建

净土教寺　隆慶駱志縣北五里五峰山唐天祐元年建初名五峰塔院宋祥符元年改今額今廢

寶壽教寺　於越新編在寶聚山唐大中間建浙江通志初名聖壽後改今額相傳舊有來青閣涵碧亭又藏經之殿四字皆唐柳公權書

明餘姚錢德洪詩　微雨山徑深連岡倚危壁登眺出雲岑遷迤懸蘿薜古寺松檜陰山房梯凳側嘉朋曳履來晤言見良覯結念屬清樽情深動歡趣坎坎鼓聲淵蹲蹲舞衣窄清嘯發孤峯芳塵寄瑶席雲散不知還班荆坐月夕寧知後來者相尋繼幽迹

邑人翁溥詩　山徑青蘿遶禪房翠壁深洞門春寂寂花木曉陰陰看竹頻移局臨泉細

聽琴平生幽興
極况復對珠林

青蓮禪寺〔萬歷紹興府志〕在縣西十五里群山中晋天福四年建初名碧泉院宋至道二年改今額後漸蕪明嘉靖中僧道林復建後山名金興岡右一峯高聳名嶽峰寺前三池名伏龍池山下小溪名漱雲溪〔葦志〕近人題寺十景曰豎掌峯曰伏龍池曰先照峯曰藏春塢曰漱雪溪曰靈源井曰雲根石曰萬松壑曰碧泉曰褥山

〔無名氏詩〕古剎隣幽塢藏春歲不移無風花自在欲雨鳥先知萬竹陰連徑雙峯影落池更便城市近暮返不妨遲

國朝

知縣朱㡛六月既望遊青蓮寺　萬山環翠木千章一路尋幽叩上方隔岸人看騎馬客當門僧鑿養魚塘層軒開處全無暑霆雨來時益自涼共煑清泉消永日如棋世事且相忘

慈光教寺　隆慶駱志縣東四十里小溪嶺南唐咸通五年建初名通化院後改今額

東化城教寺　隆慶駱志縣東五十里紫薇山中梁大同二年建初名紫巖院後改今額山上有方塔宋元祐壬申造塔下有滴水巖

邑人駱璡詩殿虛孤磬發松暖四山明塔影峯頭落泉聲谷底清袚餘春暮屐飯後午時經聽罷蛩然去誰還識此情

隆安教寺隆慶駱志縣東五十里法雲山中晉開運二年建初名法雲院後改今額隆或作龍

永慶教寺隆慶駱志縣東五十里鍾山中周顯德元年建初名永光塔院宋時改今額

靈峰教寺隆慶駱志縣東五十五里青山麓周顯德四年建今廢

正覺教寺萬歷紹興府志在菩提山中柯公尖之

南晉開運元年建初名菩提院後改今額寺周圍皆山惟前一徑屈曲通山麓水從峽中出跨峽一小橋橋旁有一指石一指點之即動以手力推則屹然峽内又有喝開石相傳舊有菩提樹生子必一百八顆

宋陳平章詩　六月泉聲戛玉寒周圍環遶畫圖間一橋鎖斷無窮景不放浮雲過别山

明邑人駱象賢詩　招提高倚翠微中古木新蘿日影重葉落半空迷鳥道風傳當午飯僧鐘石橋過雨雲猶住茅澗穿廬碓自舂笑指山莊歸路近不妨杖履更從容

邑人鄭天鵬點石詩　巋然一丈人獨立殊耿耿把酒與訂交忘言微首肯

薦福教寺〔隆慶駱志〕縣東七十里駐日嶺側宋開寶四年建初名報恩院後改今額

四果教寺〔隆慶駱志〕縣東七十里鳳凰山麓晉天福三年吳越文穆王建初名保安羅漢院宋改今額

鎮國講寺〔隆慶駱志〕縣東七十里馬鞍山南晉咸淳中建

青石教寺〔隆慶駱志〕縣東九十里青石山麓晉開運三年建

永福教寺萬歷紹興府志在光山中初名應國禪院唐會昌間廢晉天福七年重建内有梁武帝讀書臺硯水井

普潤禪寺隆慶駱志縣東南二十五里文殊巖下晉天福間建初名醴泉院後改今額本千歲和尚所居有小石巖玲瓏類龕有文殊普賢像

崇勝禪寺萬歷紹興府志在寶掌山是千歲和尚結茅處唐貞觀十五年建隆慶駱志即大巖寺縣東南四十五里

延慶教寺隆慶駱志縣東南七十里千歲山唐貞

觀元年建相傳千歲禪師道場也周顯德元年改興福宋祥符元年改今額

彰聖教寺【隆慶駱志】縣東南七十里西平山北唐咸通十四年建初名古靈院

法藏禪寺【隆慶駱志】縣東南八十里花藏山周顯德二年建初名官田院

清涼教寺【隆慶駱志】縣東南九十里上林山漢乾祐二年建初名上林院

離相教寺【隆慶駱志】縣東南九十里福田山晉天

福四年建初名福田院

鮮空教寺隆慶駱志縣東南九十里鮮空山宋建隆二年建初名法訝院

南山教寺隆慶駱志縣南二十里長山南漢乾祐二年建

香社教寺會稽三賦註諸暨有木連院因有連理木故得名隆慶駱志縣南三十里木連山隋時建唐會昌廢咸通間重建院有木枝連理賜號木連院後改今額

雲居教寺　隆慶駱志縣南四十五里句乘山西唐天祐六年建貞明四年賜名越山禪院宋治平三年攺賜今額

鍾山禪寺　隆慶駱志縣南五十里鍾山唐咸通八年建後攺今額　章志康熙三年有僧一聞悟中興此寺一日陞座云何事空山叩午鐘石頭大小悉開封烟霞去住無拘束大道長安路巳通

寶林禪寺　隆慶駱志縣南六十里寶林山晉天福四年建初名福田後攺今額

廣福教寺　隆慶駱志縣南六十里木厎山周顯德

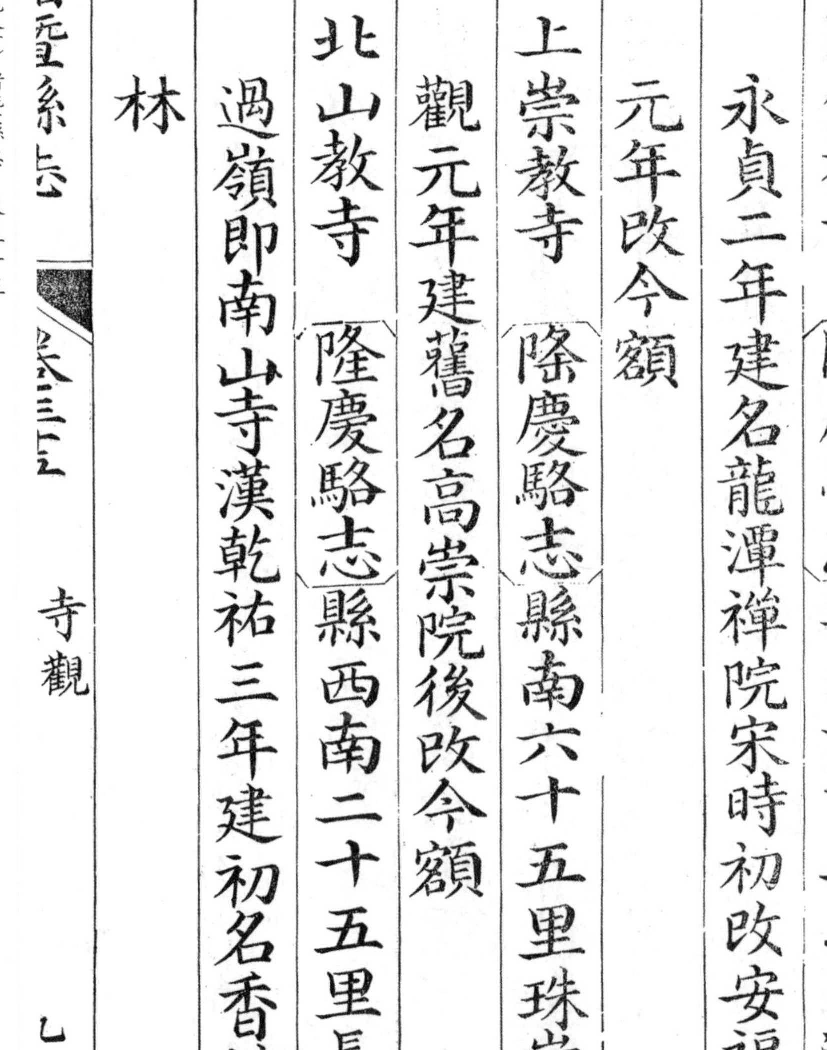
三年建初名鴻福後改今額

淨住教寺（隆慶駱志）縣南六十五里金潤山下唐永貞二年建名龍潭禪院宋時初改安福院祥符元年改今額

上崇教寺（隆慶駱志）縣南六十五里珠嶺南唐貞觀元年建舊名高崇院後改今額

北山教寺（隆慶駱志）縣西南二十五里長山之北過嶺即南山寺漢乾祐三年建初名香林亦名松林

國朝

知縣朱扆秋日遊北山寺詩

青山野寺依雲孫竹徑松門入畫圖點染秋光總着色新紅鵝舅兩三株

梵惠教寺

隆慶駱志縣西南四十里梅山麓宋乾德四年建初名净福院治平三年改今額

棲巖禅寺

隆慶駱志縣西南五十里高峰山唐景福元年建初名高峰院

明教講寺

隆慶駱志縣西南六十里森塢山晋天福七年建宋祥符中改通教天聖初改今額

顯教寺〈隆慶駱志〉縣西南七十里忠山塢中晉開運四年建初名忠山院宋改今額

法善教寺〈隆慶駱志〉縣西二十五里普廣山唐文德元年建初名普廣院宋祥符元年改今額廢

資勝教寺〈隆慶駱志〉縣西二十五里蕁塘塔唐天祐三年建初名應乾廨院皇祐元年改今額〈章志〉順治六年邑人楊肇泰捐資改向易建

藥師教寺〈隆慶駱志〉縣西四十里東山唐咸通四年建

天曹教寺隆慶駱志縣西四十里分水嶺側宋開寶五年建

大歷教寺隆慶駱志縣西四十五里大歷山唐時建

北塔講寺隆慶駱志縣西五十里雲居山唐景福五年建

洞巖講寺隆慶駱志縣西五十里洞巖山下唐中和二年建天順中賜名靈洞翠峰院後改今額

福昌講寺隆慶駱志縣西五十里開巖山宋乾德

四年建

五洩禪寺〈浙江通志〉在縣西五洩山中唐元和三年靈默禅師建名三學禅院咸通六年賜名五洩永安禪寺天祐三年改應乾禪院後仍改今名

宋尉劉述詩 翠屏千叠水潺湲一簇青鴳杳靄間惜是晚年逢此景悔將前眼看他山瀑飛落磴終難盡龍蟄寒雲只暫閒薄宦勞人無計住可嗟歸去又塵寰

邑人楊傑詩 祖師平昔撥雲開一掬靈湫一石臺青玉成圍千嶂合黑龍分勢五溪來禪心不動澄潭月俗耳常驚靜夜雷却笑輿公遊未到衹將佳句賦天台

吴郡陸以道詩 燕尾春流溶漾香爐曉色氤氳欲覓幽人行跡落花芳草如雲

慈氏講寺〔隆慶駱志〕縣西北一十八里玉泉山晉天福七年建初名玉泉院宋祥符元年改今額

歸義教寺〔隆慶駱志〕縣西北五十里阜角嶺西宋咸淳二年建

石佛寺〔隆慶駱志〕縣北二十里花山麓後梁天監四年建初名寶乘後改今額〔明邑人翁溥詩〕空山落葉經行處屈指重來十五年世事奕棋無足論白雲蘭若自依然

吉祥寺〔隆慶駱志〕縣北二十里漁櫓山晉天福中

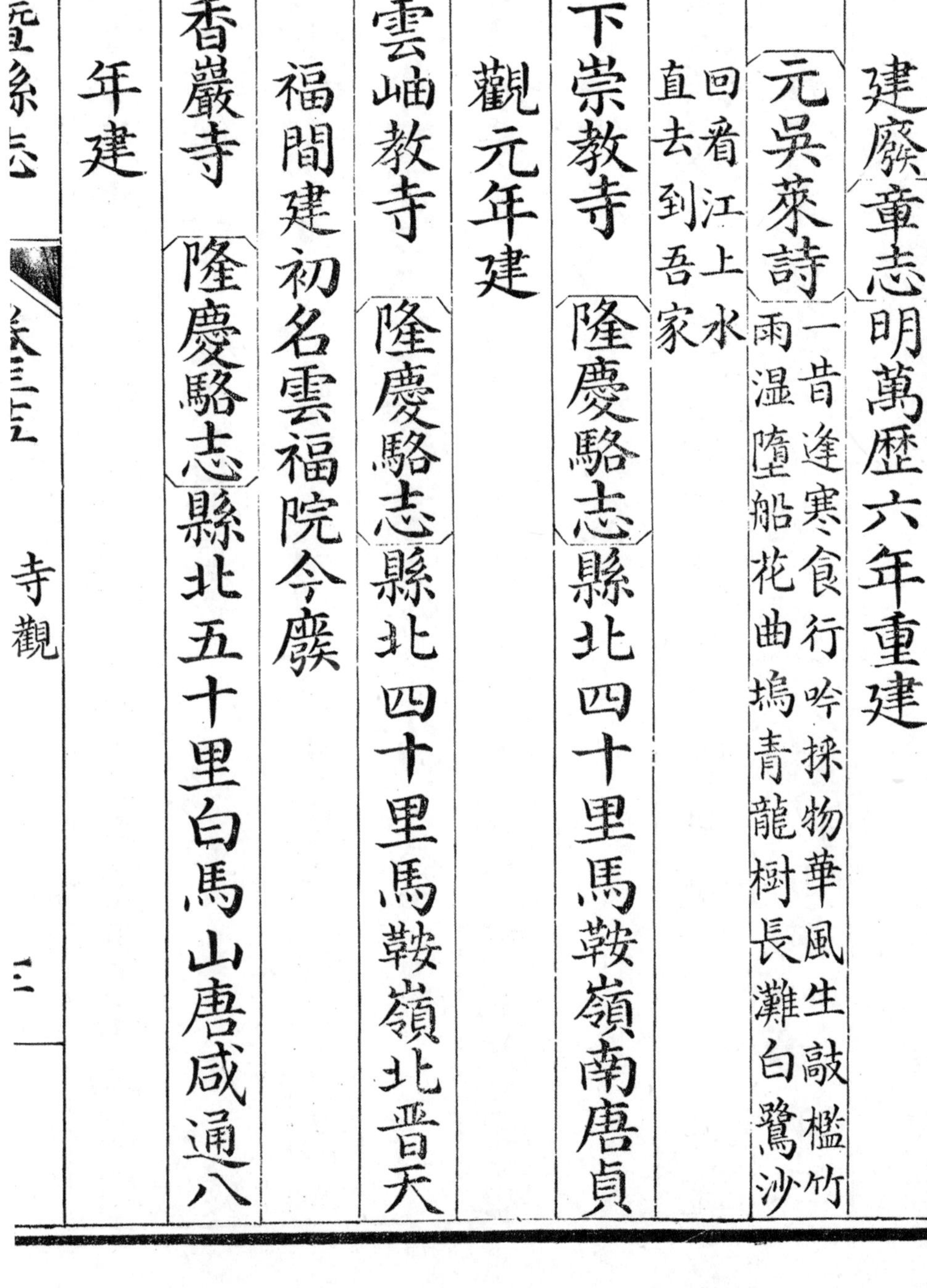

建廢章志明萬歷六年重建

元吳萊詩一昔逢寒食行吟採物華風生敲檻竹雨溼墮船花曲塢青龍樹長灘白鷺沙回看江上水直去到吾家

下崇教寺隆慶駱志縣北四十里馬鞍嶺南唐貞觀元年建

雲岫教寺隆慶駱志縣北四十里馬鞍嶺北晉天福間建初名雲福院今廢

香巖寺隆慶駱志縣北五十里白馬山唐咸通八年建

溪山教寺隆慶駱志縣北六十五里雲峯山後唐長興二年建初名靈峯

道林講寺隆慶駱志縣北七十里道林山吳赤烏年間建吳越王改靈巖院宋改今額

宣妙教寺隆慶駱志縣北七十里七里山唐咸通二年建初名妙興院

普濟教寺隆慶駱志縣北七十里明齊山宋乾德五年建初名通濟院天聖元年改明濟院治平三年改今額

岳儲教寺〔隆慶駱志〕縣北七十里岳儲嶺建隆三年建

石井教寺〔隆慶駱志〕縣東北一十五里普潤山太平興國元年建初名普潤〔章志〕殿内一柱鏤空若朽木彈之鏗然相傳魯班以木屑結成

延祥教寺〔隆慶駱志〕縣東北四十里延祥山晉天福七年建初名福清院宋時改今額

安隱教寺〔隆慶駱志〕縣東北六十里暮青山唐咸通間建廣明二年賜名國慶院長興二年重建改

溪山院後改今額

西岳教寺〔隆慶駱志〕縣東北六十里西巖山下梁時建咸通八年賜咸通西岳院後除咸通二字相傳丁令威鍊丹之地丹井存焉

脩惠教寺〔隆慶駱志〕縣東北七十里平進山後唐長興五年建宋太平興國間改精進院後改今額

保福寺〔隆慶駱志〕縣東北八十里尚元山西唐咸通八年建乾符二年名保慶禹泉院又改保錢院後改今額

西化成教寺（隆慶駱志）縣東北八十五里後崇巖側晉天福七年建周顯德二年吳越給靈根寺額宋祥符元年改今額

三德教寺（隆慶駱志）縣北五十里杭烏山麓唐貞元十四年建

靈屏寺（章志）又名同圓寺在縣西南六十里五指山下康熙中僧禹峯建

鶴林寺（章志）在新嶺觀山下康熙中僧南林建

院

淨隱院〔隆慶駱志〕縣東南一百里崇化山晉開運三年建初名崇化院

嘉福院〔隆慶駱志〕縣南六十五里嘉善山宋乾德五年建初名嘉善改賜今額

崇壽院〔隆慶駱志〕縣西南二十里寶泉山宋乾德二年建初名寶泉院

歸寂院〔隆慶駱志〕縣西五十里歸興山唐天祐五年建

中浦接待院〔隆慶駱志〕縣北三十五里中浦山宋

紹興初建

古風院〈章志〉在開化鄉柳家山叢林幽邃邱壑秀蔚有僧象白從靈隐寺卓錫於此結制安禪道風高邁明崇禎中蔡一莪捨建今住僧聞遠洪脩屢增梵宇遊人更疊倡和題分八景一東山積雪二鳳嶺笙霞三鷲屏歌雨四萬竿排翠五雙澗流琴六鶴巢月桂七烟含柳岸八就泉通沼

道興院〈章志〉距古風院十數里有僧獸任著炮古錄莆莊吟諸刻亦從靈隐卓錫於此明嘉靖中呂彩字梯雲建

菴

延壽菴〈隆慶駱志〉縣東十五里新壁山唐大中五

年建

隆華菴〔隆慶駱志〕縣東二十里趙王山元至正六年建

上思孝菴〔隆慶駱志〕縣東南五十里官員嶺元至正二年建

崇先菴〔隆慶駱志〕縣南七十五里菴山宋開運二年建

馬村菴〔隆慶駱志〕縣西五里落馬山宋延祐元年建

法華菴　隆慶騐志縣西二十里梁大同二年建

隱静菴　隆慶騐志縣西二十里青龍山梁大同二年建

圓通菴　隆慶騐志縣西三十里元天歴二年建

下思孝菴　隆慶騐志縣北五里宋延祐二年建

真如菴　隆慶騐志縣北五里宋延祐元年建

雲濟菴　隆慶騐志縣東八十里階梯山明嘉靖十八年建

西竺菴　章志在長山之麓里人趙學賢延僧道覺

建

國朝

知縣朱宸詩　花鬚柳眼得春多冷水泉邊踏緑莎氣暖晴郊濃似酒烟深茅屋澹於波名山事業應難再前華衣冠自不磨種竹千竿田十畝閉門掃迹我如何

瑞曇菴　章志在江東演武場側康熙中僧克愚建

龍舌菴　章志在陶朱山隖東康熙八年僧文達建

鹿苑菴　章志去三江口里許順治中僧靈機建

瀝口菴　章志在店口陳木生建茶亭康熙中陳兆祚建

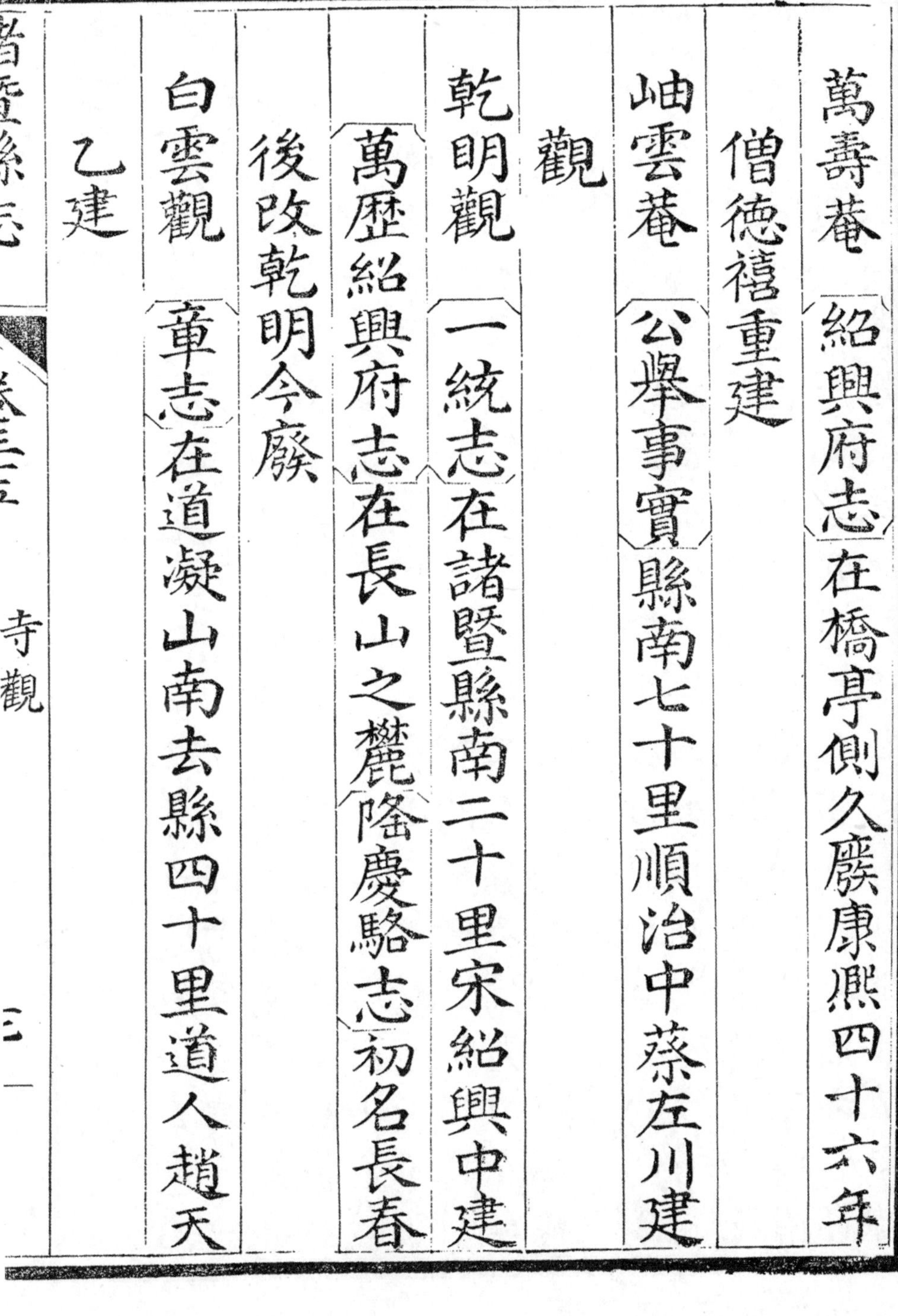

萬壽菴〔紹興府志〕在橋亭側久廢康熙四十六年僧德禧重建

岫雲菴〔公舉事實〕縣南七十里順治中蔡左川建

觀

乾明觀〔一統志〕在諸暨縣南二十里宋紹興中建〔萬歷紹興府志〕在長山之麓〔隆慶駱志〕初名長春後改乾明今廢

白雲觀〔章志〕在道凝山南去縣四十里道人趙天乙建

國朝

浙江布政司趙良璧記

暨之南有道凝山去邑治四十里許考之方輿一統志初未採入即會稽三賦與諸邑乘亦不具載蓋地由人靈不得其人則地亦不名也山之巔舊有蓬岡庵僅存其址道人居之入山採藥出山乞食如是者三十年忽值大風雪山中無糧道人不飲不食塊然獨處有黑虎守其門樵者怪而問之則不食七日矣歸而語其鄉之人莫不驚異以為真有道力者而道人人饋則餐人問則荅率以為常余膺

簡命屏藩兩浙籌餉之暇採攬風俗廉知道人遣吏名之至則姓趙名天乙暨邑人也形貌樸遬若無能者然觀其日可不食夜可不寢與之言論洞徹元理豈非得長生久視之道者耶予聞金熈宗時有邱處機者居蟠溪穴日一食晝夜不寢者六年遂仙去號長春真人上接五祖之印下開七真之宗

嗚呼如道人者棲托此山不寒不暑兀然若喪朝飢夜露已歷年所能無仙乎第其所居不足以息徒衆予因捐俸以倡邑人為築觀於山中而道人初無意也然自是而道凝山以道人而名始顯矣顏以白雲觀此陳希夷所謂臺殿不將金鎖閉來時自有白雲封也落成因為之記并作銘曰巍巍道凝迥出塵境絢結一椽修心鍊性黑虎守户白雲在山太虚無我功成大還

宮

紫陽宮〈浙江通志〉在縣東五十里宋慶元中建軒楹臺榭之勝苟作非其時侈過其制雖王公且或非之至竭物力以創浮屠之宮人皆奔走恐後卒無有異議者豈真福田能利人哉惑亦甚矣然

山川城郭必有升望降觀之地而琳宫梵刹獨據勝塲登高明而遠眺望感時賦物又君子所不廢焉況祝釐演教典制所垂又不僅爲二氏之續燈彼家之窟宅已也　沈椿齡識

諸暨縣志卷三十六

經籍

載籍極博存者什一亡者什九覆瓿之餘繼以兵燹安得盡傳然而其書亡其目存則志之者存之也吾暨一邑所錄無四部四庫三館秘閣之多要亦存什一於千百云耳謹據各書所已載者詳其由来而列之目錄志經籍

經部

周易圖說（萬歷紹興府志）黄開必先著

易說緒餘（宏治紹興府志）陳洙文淵撰

周易心鉢　傅初著

羲經講義　楊學泗魯嶧撰見紹興府志

易觧參義　楊肇祿著

禹貢注一卷（浙江通志）酈光祖撰

詩經辨論（宏治紹興府志）陳潛著

麟經總論（萬歷紹興府志）黄開必先著

春秋妙旨（萬歷紹興府志）黄開必先著

春秋手鏡　陳大倫彦理著見宋濂陳府君墓碣

春秋傳三十卷（黃氏書目）俞漢仲雲著

春秋胡傳補正（黃氏書目）楊維禎著

春秋大義（黃氏書目）楊維禎著

左氏君子議（黃氏書目）楊維禎著

春秋定是錄（黃氏書目）楊維禎著

春秋透天關十二卷（宏治紹興府志）楊維禎廉夫著

禮經約（宏治紹興府志）楊維禎廉夫著

禮記心印　陳翰英著

語孟發揮（萬歷紹興府志）黃闢必先著

孟子辨志（萬歷紹興府志）黄開必先著

二孟枝言　馮夢祖著

四書一貫録（宏治紹興府志）楊維禎廉夫著

四書集箋（萬歷紹興府志）胡一中允文著

簡切講義　陳于朝著見苧蘿山稿

四書木舌（浙江通志）酈光祖著

六經指南（萬歷紹興府志）黄開必先著

五經鈐鍵（宏治紹興府志）楊維禎廉夫著

右羣經

金石錄三十卷（萬歷紹興府志）王厚之順伯著

考異四卷（萬歷紹興府志）王厚之順伯著

考古印章四卷（萬歷紹興府志）王厚之順伯著

題跋周宣王石鼓文（萬歷紹興府志）王厚之順伯著

考定秦惠王詛楚文（萬歷紹興府志）王厚之順伯著

漢晉印章圖譜一卷（焦氏經籍志）王厚之撰

玉璽書一卷（會稽續志）姚寬著

右金石

史部

注史記一百三十卷〔會稽續志〕姚寬著

補注戰國策三十一卷〔會稽續志〕姚寬著

陸狀元通鑑詳節一百卷〔浙江通志〕諸暨陸唐老著

諸史決疑〔萬歷紹興府志〕黄開必先著

三史綱目〔宏治紹興府志〕楊維禎廉夫著

歷代史鉞二卷〔萬歷紹興府志〕楊維禎廉夫著

横溪史抄〔鐵厓集〕鄭賀著

史許八十卷〔萬歷紹興府志〕俞漢仲雲著

乾道奉使録一卷〔書録解題〕姚憲令則日記

孝全摭言（兩浙名賢録）申屠徵著

篤終易覧（兩浙名賢録）駱象賢著

王氏宗教一篇（黄氏書目）吳宗元筠西著宋濂序

教家輯略（浙江通志）酈洙著

諸暨孝義黄氏族譜（浙江通志）裔孫周字思文輯宋濂爲序

艮山問答　趙璧著

富春人物志（續文獻通考）楊維禎撰

政和縣志（浙江通志）郭思垕著

諸暨志十二卷（浙江通志）至正丁酉邑人黄鄰修

諸暨縣志（浙江通志）景泰癸酉邑人駱象賢修

諸暨縣志（浙江通志）正德庚辰邑令彭瑩修

諸暨縣志（浙江通志）嘉靖甲申邑令朱廷立修

諸暨縣志八卷（浙江通志）嘉靖乙巳邑令徐履祥修

諸暨縣志二十卷（萬曆紹興府志）隆慶六年邑人駱問禮撰沈資酈文相徐有悦朱良弼參閲時夏念東爲知縣志甚詳博其考究九精覈有據

諸暨縣志十二卷（浙江通志）康熙壬子知縣蔡杓延邑人章平事楊浣修

子部

朱子傳契（宏治紹興府志）陳潛著

朱子學的註　楊學泗著

道學宗譜　楊學泗著

性理約言　楊學泗著

省身録　楊學泗著

定性論　酈光祖著

範世全編　酈光祖著

道程道統六説七卷　方與京著見申屠澂方處士墓碣

善生善死善意録　朱長庚著〔紹興府志〕

五行秘記一卷　姚寬令威著〔寶慶會稽續志〕

西溪叢語二卷（宋史藝文志）姚寬令威撰

定正洪範（萬歷紹興府志）胡一中允文著

湖海摘奇（浙江通志）陳洙著

秉燭正論（浙江通志）鄭天鵬著

稗濟錄（萬歷紹興府志）楊維翰著

藝苑錄（萬歷紹興府志）楊維翰著

醫衍二十卷見鐵厓集楊文修著

金剛義疏七卷（宋高僧傳）唐越州法華山寺僧元儼著俗姓徐氏諸暨人

輔篇記十卷（宋高僧傳）唐越州法華山寺僧元儼著

集部

姚舜明詩文十卷（見萬歷紹興府志）

奏章三卷（萬歷紹興府志）姚舜明著

補楚辭一卷（萬歷紹興府志）姚舜明拱

西溪居士集五卷（書籙解題）姚寬著

古樂府二卷（萬歷紹興府志）姚寬令威著

浣溪文集（萬歷紹興府志）黄開必先著

暨陽雜俎（萬歷紹興府志）黄開必先著

雪篷稿宋姚鏞著見名賢小集

王員外集二卷〔稗史集傳〕王艮止善著虞集序

止止齋稿〔元詩選〕王艮著

鐵厓文集五卷〔百川書志〕楊維禎著

東維子集三十卷〔黄氏書目〕楊維禎著

平鳴集楊維禎著見宋濂墓誌

瓊臺集楊維禎著見宋濂墓誌

洞庭集楊維禎著見宋濂墓誌

雲間集楊維禎著見宋濂墓誌

沂上集楊維禎著見宋濂墓誌

麗則遺音　楊維禎著見宋濂墓誌

復古詩集六卷（黃氏書目）楊維禎著

古樂府十卷（黃氏書目）楊維禎著

樂府補六卷（黃氏書目）楊維禎著

鐵崖詠史一卷（百川書志）楊維禎著

光嶽集（萬歷紹興府志）楊維翰著維禎從兄

雅齋集（萬歷紹興府志）孟性善著

象川集十卷（宏治紹興府志）俞漢仲雲著

鷄肋集（萬歷紹興府志）胡渭景呂著

童子問序（萬歷紹興府志）胡一中允文著

三益稿（萬歷紹興府志）胡一中允文著

雪林小稿（萬歷紹興府志）胡一貞著

燻篪小稿（萬歷紹興府志）胡一貞著

鶻突稿（萬歷紹興府志）胡澄著

竹齋集（百川書志）王冕著

竹齋詠梅詩一卷（百川書志）王冕著

南雅集（浙江通志）陳大倫著

羊棗集（萬歷紹興府志）駱象賢則民著

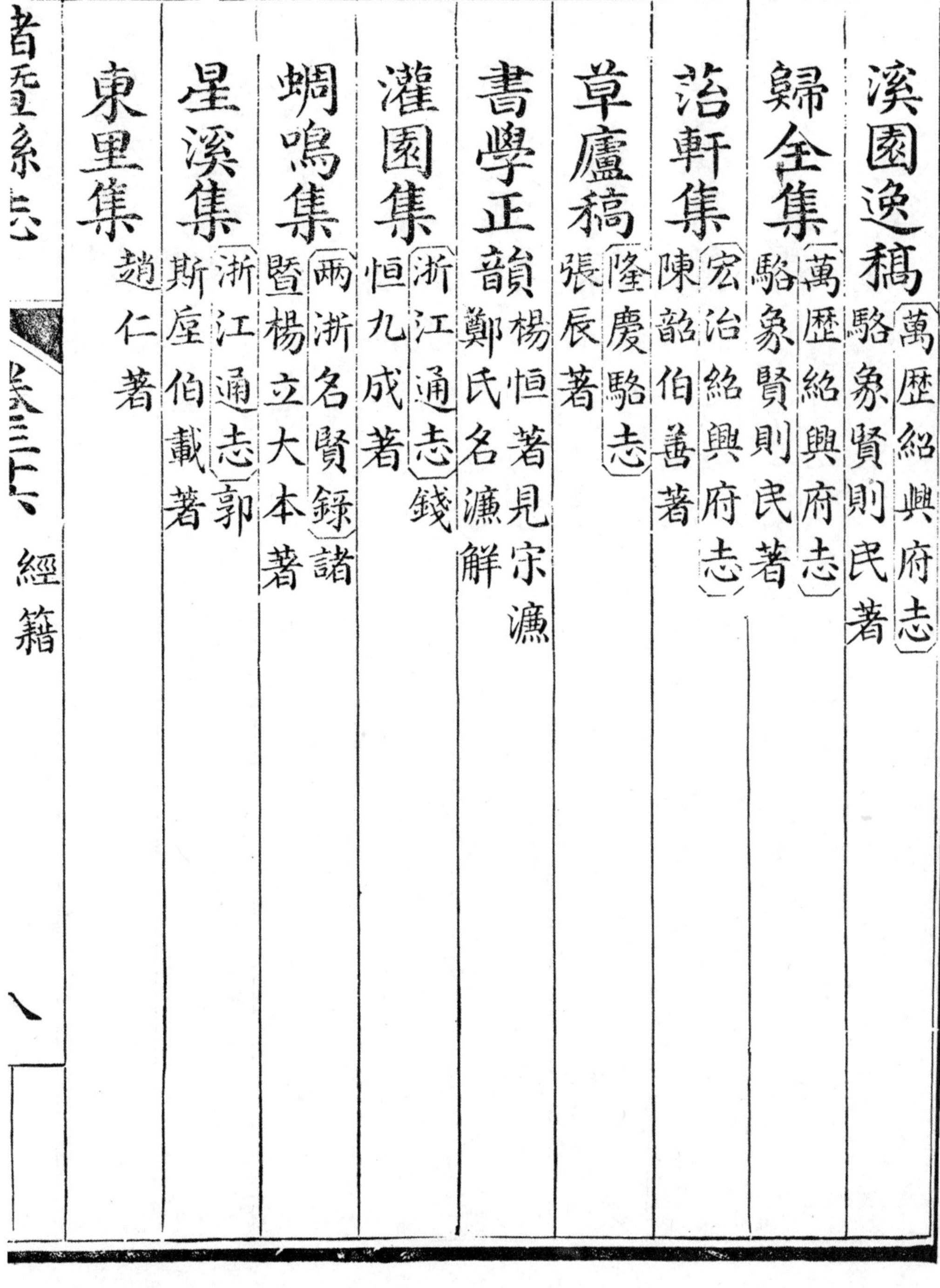

溪園逸稿（萬歷紹興府志）駱象賢則民著

歸全集（萬歷紹興府志）駱象賢則民著

萿軒集（宏治紹興府志）陳韶伯善著

草廬稿（隆慶駱志）張辰著

書學正韻楊恒著見宋濂鄭氏名濂解

灌園集（浙江通志）錢恒九成著

蜩鳴集（兩浙名賢錄）諸暨楊立大本著

星溪集（浙江通志）郭斯座伯載著

東里集趙仁著

賓松亭稿　趙仁著

燕遊稿　趙仁著

歲寒集　趙仁著

思軒集（浙江通志）鄭欽著

閩遊倡和（浙江通志）鄭天鵬著

北行野操（浙江通志）鄭天鵬著

南濵存稿（浙江通志）鄭天鵬著

知白堂稿（兩浙名賢錄）翁溥德宏著

記遺集（隆慶驂志）陳翰英著

和蘇集酈琥著駱問禮序

三和梅詩集駱驗著從子問禮序

永思集樓伯風著駱問禮序

支離集翁餘忠著駱問禮序

酈范叔詩集酈希范著駱問禮序

竂語集駱問孝著從弟問禮序

萬一樓集六十一卷明史藝文志駱問禮著

萬一樓外集一卷明史藝文志駱問禮著

續羊棗集六卷浙江通志駱問禮著

南岡遺集 陳元魁著

栢軒遺集 陳元功著

東泉日草 陳元功著

紫英山藏稿〔浙江通志〕陳性學著

光裕堂集九卷〔浙江通志〕陳性學著

西臺疏草〔浙江通志〕陳性學著

舞干遺化録 陳性學著

芋蘿山稿 陳于朝著 王思仁序

寶倫堂集九卷〔浙江通志〕陳洪綬著

来園集錢時著

来清堂稿錢時著

文萃堂集〔紹興府志〕蔣一鵬著

永思拾遺四卷陳泰階著

蘿月菴集十卷〔紹興府志〕余綸著

點花堂集張夜光著

壮遊草張夜光著

栢樓吟一卷〔浙江通志〕孟藴子温著蔣文旭妻

大觀堂集二十卷余縉著許汝霖序

受盤集章平事著

蒼源剩草馮夢祖著毛奇齡序

自怡集駱啟明著見大觀堂集

心遠堂集余毓澄著

偶吟集余毓湘著許汝霖序

別腸詞選趙式著

蛩窓文集趙式著

東武山房詩文合集余懋杞著

蘿村詩選余懋棟著

揖山樓集余懋棟著

知非集錢曰布著

游行錄傅學沆著

莫菴詩近傅學沆著

補編

周禮鈔解傅楨著